Ingénierie de formation en Développement Local

Fara Emile Tenguiano

Ingénierie de formation en Développement Local

Mobiliser le savoir pour rompre avec la pauvreté
intergénérationnelle en Guinée

Presses Académiques Francophones

Impressum / Mentions légales

Bibliografische Information der Deutschen Nationalbibliothek: Die Deutsche Nationalbibliothek verzeichnet diese Publikation in der Deutschen Nationalbibliografie; detaillierte bibliografische Daten sind im Internet über http://dnb.d-nb.de abrufbar.

Alle in diesem Buch genannten Marken und Produktnamen unterliegen warenzeichen-, marken- oder patentrechtlichem Schutz bzw. sind Warenzeichen oder eingetragene Warenzeichen der jeweiligen Inhaber. Die Wiedergabe von Marken, Produktnamen, Gebrauchsnamen, Handelsnamen, Warenbezeichnungen u.s.w. in diesem Werk berechtigt auch ohne besondere Kennzeichnung nicht zu der Annahme, dass solche Namen im Sinne der Warenzeichen- und Markenschutzgesetzgebung als frei zu betrachten wären und daher von jedermann benutzt werden dürften.

Information bibliographique publiée par la Deutsche Nationalbibliothek: La Deutsche Nationalbibliothek inscrit cette publication à la Deutsche Nationalbibliografie; des données bibliographiques détaillées sont disponibles sur internet à l'adresse http://dnb.d-nb.de.

Toutes marques et noms de produits mentionnés dans ce livre demeurent sous la protection des marques, des marques déposées et des brevets, et sont des marques ou des marques déposées de leurs détenteurs respectifs. L'utilisation des marques, noms de produits, noms communs, noms commerciaux, descriptions de produits, etc, même sans qu'ils soient mentionnés de façon particulière dans ce livre ne signifie en aucune façon que ces noms peuvent être utilisés sans restriction à l'égard de la législation pour la protection des marques et des marques déposées et pourraient donc être utilisés par quiconque.

Coverbild / Photo de couverture: www.ingimage.com

Verlag / Editeur:
Presses Académiques Francophones
ist ein Imprint der / est une marque déposée de
OmniScriptum GmbH & Co. KG
Bahnhofstraße 28, 66111 Saarbrücken, Deutschland / Allemagne
Email: info@presses-academiques.com

Herstellung: siehe letzte Seite /
Impression: voir la dernière page
ISBN: 978-3-8416-3721-5

Ingénierie de développement local: *Mobiliser le savoir pour rompre avec la pauvreté intergénérationnelle en Guinée.*

Sommaire

Remerciements

Je tiens d'abord à remercier tout particulièrement et à témoigner toute ma reconnaissance à l'ensemble du corps professoral du CIEDEL/Université Catholique de Lyon et de l'IPC, Université de Lille 1 pour la conduite à terme de mes formations, mais aussi, pour l'expérience enrichissante et pleine d'intérêt qu'ils m'ont fait vivre durant mes formations universitaires.

Très singulièrement, je remercie vivement Monsieur Christophe MESTRE pour le temps qu'il m'a consacré tout au long de cette période, sachant répondre à toutes mes interrogations; sans oublier sa participation immense au cheminement de cette publication.

Mes remerciements s'adressent également à EED pour son appui financier et son encadrement pratique dont j'ai bénéficié durant ma formation en Europe.

Bien naturellement, j'adresse à mon épouse **Rose TENGUIANO**, à ma fille **Florence** à mon fils **Jonathan Tenguiano** et à ma mère **Finda Millimouno** tous mes vifs remerciements et mes félicitations pour leur soutien et du temps passé loin d'eux ainsi que les différentes privations acceptées dues à mon statut d'étudiant.

Enfin, toute ma reconnaissance à Dieu qui a permis tout cela.

Préambule

Le thème traité par cette présente publication est celui de l'ingénierie de la formation au service de la lutte contre la pauvreté dans le champ du développement local en Guinée. Ce travail m'a permis plus précisément à s'interroger sur les intérêts que présente un tel sujet dans un pays en développement.

Il n'y a pratiquement pas assez de livres écrits sur ce sujet. Seules les références bibliographiques concernant la création d'entreprises et des organisations (ONG, associations) sont nombreuses. Pour cette raison, le contenu de ce livre sera une réflexion personnelle issue d'une expérience vécue durant deux cursus universitaires de septembre 2009 à juin 2010 à l'université Catholique de Lyon et septembre 2010 à juin 2011 à l'université de Lille 1 couplés de 6 mois de travail de recherches en France, au Mali et en Guinée.

C'est au CIEDEL, à l'Université Catholique de Lyon, que l'intérêt pour le thème ici traité trouve ses origines. La mission principale de ma recherche a été donc de proposer une réflexion innovante sur l'ingénierie de formation en développement en Guinée et de construire les outils nécessaires à sa mise en œuvre. Le fait d'avoir vécu cette préparation et d'avoir réalisé des résultats qui en ont découlé m'ont permis d'en retirer un enseignement riche que je désirais mettre à profit dans ce livre.

Toutefois, il faut admettre que cette publication souffre d'une documentation insuffisante et constitue donc une limite du présent travail.

D'autre part, je voudrais remercier M. Christophe MESTRE/CIEDEL une fois encore pour son aide qui m'a été précieuse, pour son professionnalisme et ses compétences dont il m'a fait bénéficier, ainsi que pour sa grande disponibilité.

L'auteur

Fara Emile Tenguiano

Introduction

Les systèmes de formations mis en place au lendemain des indépendances en Afrique de l'ouest ont privilégié les formations longues, diplômantes nettement orientées vers le secteur «moderne»: secteur de l'État, les grandes entreprises publiques et parapubliques, les centres militaires afin de former les personnels nécessaires à la création et à la gestion de l'appareil d'État.

Comme disait René DUMONT en 1962: «*Ce système scolaire a fait faillite, car il n'a nullement «produit» la masse indispensable de techniciens de tout ordre y compris les «sous-officiers de l'armée de la production» agricole et industrielle: techniciens en agriculture-élevage, mécaniciens, artisans du fer et du bois, spécialistes d'usine, arpenteurs, et topographes, etc. tout le tissu de base du futur développement qui commence par celui de l'agriculture. Voici que fleurit au Sénégal le drame des maitrisards-chômeurs, dont j'avais annoncé la venue-et les dangers-il y a plus de vingt ans.*»[1]

Cinquante trois ans après, les propos de DUMONT se concrétisent. Car en Afrique plus particulièrement en Guinée, l'enseignement supérieur pour répondre aux besoins d'insertion des bacheliers a simplement retrouvé ses flux d'antan, voire plus. Il est essentiellement théorique, très peu lié à la pratique, les programmes inadaptés, voire caduques et très distants des besoins d'emploi. L'enseignement technique tente avec succès ou non selon les circonstances de se reconvertir dans la formation des techniciens capables d'accompagner les dynamiques de développement territorial, mais se heurte aussi à des contenus et méthodes pédagogiques inadaptés.

La formation professionnelle de base a, quant à elle, quasiment disparu du paysage; et si elle existe, elle mérite d'être refondée aussi bien en termes de programmes, objectifs, durée et d'articulations relatifs aux savoirs locaux, aux pratiques de la décentralisation en cours dans le pays et aux besoins des populations locales ainsi que ceux des employeurs.

Ainsi, bon nombre de citoyens et décideurs politiques se pose la question de savoir à quoi sert l'école d'aujourd'hui si elle continue à devenir une usine de production de chômeurs au lieu d'être un outil efficace au service de la lutte contre la pauvreté.

Ce livre est avant tout un outil pédagogique et non une œuvre littéraire, c'est pourquoi nous tenterons d'étayer le sujet en suivant l'approche pédagogique rigoureuse.

I. Démarches méthodologiques

Pour la conduite de cette publication, deux axes méthodologiques ont été privilégiés:

---

[1]René DUMOND : Pour l'Afrique ; j'accuse le journal d'un agronome au sahel en voie de destruction, 2ème Editions Terre Humaine/Poche 1986.

- l'exploration documentaire en lien avec la thématique,
- la réflexion pratique sur la mise en place d'une Ingéniérie de formation professionnelle dans le champ du développement,

L'exploration documentaire

Comme mentionné dans le préambule, une des difficultés rencontrées a été l'accès à une documentation relative au thème. Toutefois, j'ai pu consulter et analyser les documents comme le Programme Renforcement de l'Offre Formation Professionnelle d'Agents de Développement Local (PROFADEL). Grace à l'internet, j'ai pu accéder aux rapports d'activités, conférences, réflexions...) traitant de la formation professionnelle tant en Europe qu'en Afrique francophone.

Les échanges de terrain au Mali et en Guinée avec les spécialistes en formation professionelle et du développement local m'ont été d'une utilité précieuse dans la construction de la reflexion ainsi que l'analyse du dispositif juridique et institutionnel dans le cadre de la création des centres de formation en développement local.

La réflexion pratique sur la mise en place d'une ingénierie de formation professionnelle dans le domaine du développement local

Cette démarche a été cruciale et fondamentale. Elle a permis de faire avancer les recherches et de travailler sur des éléments concrets en vue de comprendre la pertinence du sujet.
Ce travail résulte des compétences acquises au CIEDEL et s'articule autour de cinq blocs clés:
- ✓ formation des adultes,
- ✓ politiques publiques concertées,
- ✓ dynamiques et enjeux de la décentralisation,
- ✓ pauvreté et inégalités
- ✓ développement local/territorial.

Cette mise en pratique m'a permis, d'une part, de tester les acquis de mon parcours universitaire au CIEDEL, à Lille 1(IPC) et d'autre part à forger ma curiosité d'agent de développement ; bref une occasion pour moi d'apprendre en profondeur sur le sujet.

C'est une méthode pratique qui permet une mise en lien direct entre les professionnels du métier et les pratiques du terrain.

En outre, à travers les missions effectuées au Mali et en Guinée entre 2010 et 2011, j'ai pu discuter avec les acteurs du territoire (cadres de l'Etat, élus locaux, associations, ONG...) sur les problématiques de l'animation des dynamiques de développement. Les échanges ont permis de se rendre compte immédiatement des problèmes auxquels les acteurs sont confrontés surtout la question de renforcement de capacités et de la formation professionnalisante au service de la réduction de la pauvreté et de la vulnérabilité des gens. C'était très passionnant de travailler de marinière concrète sur des sujets à enjeux pour le développement des territoires.

II. Problématique et diagnostic du système éducatif en Guinée

Il y a quelques années, on constate une emergence en Afrique de l'ouest, des écoles d'ingénierie de formation des acteurs dans le secteur du développement local dans le but de contribuer au développement de la région voire du continent en luttant efficacement contre la pauvreté. C'est le cas de Delta-C au Mali, de IRFODEL au Togo, de ISFAD en Guinée etc.

Ces intitutions n'y mettent pas forcement le même interêt ni le même contenu, mais capitalisent leurs pratiques professionnelles et leur intégration dans le milieu social et professionnel. Elles développent ainsi diverses compétences en matière de mise en place des centres de formation, de montage institutionnel, de politage des dispositifs de formation ainsi qu'à l'établissement de partenariats.

Pourtant sur le terrain, les collectivités locales, les ONG, les entreprises, les groupements, les services déconcentrés de l'État, les associations qui œuvrent dans le domaine du développement rural et urbain ont besoin de personnels bien formés, capables d'animer et d'accompagner les dynamiques locales et les projets de développement pour sortir des populations en dessous de la barre de pauvreté. Ces défis sont loin d'être satisfaits. Pourtant, le développement local est devenu un pari de l'intelligence collective et individuelle, une volonté d'agir collectivement pour ne plus subir, mais pour reprendre en main son destin local.
Mais, l'on constate une insuffisance de compétences dans certains domaines clés dont entre autres:

- ✓ Diagnostic du territoire et animation territoriale ;
- ✓ Gestion de projets ;
- ✓ Finances publiques sensibles aux besoins des plus vulnérables (enfants/femmes) ;
- ✓ Appui au processus de la décentralisation ;
- ✓ Mobilisation des acteurs sur le territoire (PME, ONG…) ;
- ✓ Gestion de la comptabilité locale ;
- ✓ Exercice de la fonction communale ;
- ✓ Logique d'évaluation et suivi-évaluation ;
- ✓ Partenariats public versus privé ;
- ✓ Conception des politiques publiques locales, des programmes et exercice de la maîtrise d'ouvrage etc.

Bien entendu, on peut rapidement faire un diagnostic du Programme Sectoriel de l'Éducation (PSE) de la République de Guinée qui a été mis en place depuis 2008 et qui couvre une période de sept ans (2008-2015). Ce programme élaboré avec la participation de la société civile et les partenaires du secteur éducatif donne une vue d'ensemble de l'état du système éducatif guinéen, des objectifs, des besoins de financement, ainsi que des dispositifs de sa mise en œuvre.

En somme les objectifs visés sont:

✓ l'amélioration des conditions de vie et de travail des cibles par la revalorisation de la fonction enseignante et la création d'infrastructures éducatives viables ;
✓ la qualification de la formation initiale et le perfectionnement continu des enseignants;
✓ l'examen des possibilités de mise sur pied de cycles de formation spécialisés à l'intention de jeunes qui n'auront pas pu accéder à l'enseignement secondaire et universitaire ;
✓ la restructuration de l'administration de l'éducation ;
✓ la promotion de l'enseignement privé ;
✓ le redéploiement du budget de l'éducation en fonction des priorités sectorielles définies.

Après plusieurs réformes, le système éducatif guinéen a été calqué sur un modèle classique simple et structuré comme suit :

Enseignement élémentaire: il s'étend sur une durée de 6 ans de formation et est destiné aux enfants d'au moins de sept ans. La fin du cycle est sanctionnée par un diplôme appelé le Certificat d'Études Primaires Élémentaires (CEPE).

Pour l'enseignement secondaire, il connaît un cycle de sept ans réparti en deux cycles: le premier cycle appelé **collège** de quatre ans, s'étend de la 7ème à la 10ème année. Il est sanctionné par un diplôme dénommé Brevet d'Études du Premier Cycle (BEPC). Le deuxième cycle du secondaire, appelé **Lycée,** a une durée de trois ans allant de la 11ème année à la Terminale comprenant principalement trois profils différents: **Sciences sociales, Sciences expérimentales et les Sciences mathématiques**. La fin de ce cycle est sanctionnée par un diplôme d'enseignement général appelé baccalauréat (BAC) et donne accès à l'enseignement supérieur public ou privé.

Quant à l'enseignement supérieur, il est élaboré pour la formation des hauts cadres. L'accès à l'enseignement supérieur dans les universités et les instituts supérieurs se fait sur la base des notes obtenues par l'élève à l'examen du Baccalauréat complet et sur la base des places disponibles dans les institutions. La durée des études varie de 4 à 6 ans selon les facultés. Cinq types de diplômes[2] sont délivrés au niveau des institutions d'enseignement supérieur public:

✓ le DEUG (Diplôme d'Études Universitaires Générales)
✓ la Licence,
✓ la Maîtrise,
✓ le Doctorat en sciences de Médecine

Selon la Loi d'orientation sur le secteur éducatif guinéen, l'enseignement technique et professionnel est destiné à la formation de la main d'œuvre qualifiée et des cadres techniciens. Le recrutement se fait par voie de concours. La durée de la formation varie entre 2 ou 3 ans. Le recrutement se fait au niveau du BAC ou un diplôme équivalent. La fin des études est sanctionnée par:

---

[2]Ce système diplômant est remplacé par le système LMD introduit depuis 2008 dans le système éducatif guinéen tant pour l'enseignement public que privé. Aujourd'hui, on parle de Licence, Master et Doctorat (LMD).

- ✓ le Brevet d'Études Professionnelles (BEP)
- ✓ le Brevet de Technicien Supérieur (BTS) respectivement pour les établissements de type A et B.

De tout ce qui précède, on peut donc dresser un constat en ces termes: tout d'abord, l'enseignement technique est envisagé d'une part vers le développement modéré du système d'insertion (de 11 000 à 18 000 élèves) en ciblant les filières porteuses d'emplois et en réduisant celles pour lesquelles la demande de formation est inférieure à l'offre. Et d'autre part, vers l'intégration de l'enseignement privé à la stratégie nationale pour ce sous-secteur par l'intermédiaire d'une subvention publique de ces établissements dans un cadre contractuel qui reste à définir sur la base du nombre des élèves scolarisés et à hauteur de 15% du coût unitaire constaté dans les établissements publics pour des spécialités comparables.

Ensuite, il est également envisagé de mettre en place de nouvelles formules visant à l'insertion dans le secteur informel d'une proportion des jeunes qui mettent un terme à leurs études au niveau secondaire (20 % de ceux qui arrêtent après le primaire et 30 % de ceux qui arrêtent après le brevet).

Enfin, ces dispositions seront potentiellement diversifiées et de durée variable et intégreront des relations fortes avec les milieux professionnels selon des formules à définir touchant l'ensemble des métiers concernés.

Aujourd'hui, on est loin de réaliser des missions consignées dans les différentes politiques générales du Ministère de l'Éducation nationale.

Car si la Guinée veut qualifier son système éducatif, le pays aura besoin d'abord de se donner des moyens et du temps pour former un personnel enseignant de qualité, compétent et potentiellement motivé. Ce personnel devrait faire l'objet d'évaluation périodique et de reclassification de compétences et de missions pour rendre la fonction enseignante plus complétive et compétitive.

Ensuite, il y a une nécessité impérieuse d'investir dans des équipements clés et des infrastructures adéquates de haute qualité et disponibles partout sur l'étendue du territoire national. De même, la répartition conséquente et égalitaire du personnel enseignant sur l'ensemble de la Guinée reste un défi majeur ainsi que le versement de salaires décents aux fonctionnaires enseignants afin de leur permetre d'assurer le minimum vital.

Enfin, l'école doit être dépolitisée, autonome et libérée de toute emprise politicienne et de tout clivage socio ethnique afin de permettre au savoir et à la connaissance de s'épanouir et d'exercer la rigueur dans l'école de la République.

III. Enjeux de la formation professionnelle en Guinée

En Guinée, les systèmes d'enseignement technique et de la formation professionnelle mis en place depuis la première République pour former les cadres, les techniciens et les agents du développement agricole, d'élevage, de l'environnement etc. sont en crise profonde. Une réflexion sur la place, le rôle, l'organisation des dispositifs de formation professionnelle apparaît aujourd'hui indispensable à un moment où les organismes internationaux réaffirment l'exigence d'avoir des dans chaque secteur, des ressources humaines compétentes, pérennes, bien organisées et bien équipées tant au niveau public que privé et professionnel. C'est à titre qu'une analyse des enjeux du développement local est indispensable pour déterminer des axes de développement des formations professionnelles.

Avec le processus de la décentralisation entamé depuis 1985 et la libération des initiatives privées, de nouveaux acteurs au développement et les axes de formation sont apparus sur le territoire national: ONG, organisations paysannes ou villageoises, organismes privés, mettant en œuvre de nouveaux dispositifs de formation bien insérés dans le milieu local, mais ceux-ci sont souvent atomisés et peu ou pas intégrés dans des politiques nationales. Il y a une question de pertinence et de cohérence de ces formations souvent prises sur le tas de manière induite.

Pourtant, la formation professionnelle doit répondre à des enjeux majeurs dont entre autres :
- la préparation des jeunes à la vie active en leur donnant des qualifications professionnelles adéquates liées aux réalités locales;
- la consolidation des acquis de l'éducation de base ;
- la production d'une main d'œuvre qualifiée à des niveaux professionnels intermédiaires adaptés,
- la fourniture des connaissances techniques et des compétences professionnelles nécessaires pour l'animation territoriale des dynamiques de développement dans les secteurs de l'agriculture locale moderne, l'élevage, l'artisanat, l'industrie, le commerce, le tourisme etc.
- la fourniture de personnels qualifiés capables de définir et d'appliquer des solutions techniques aux problèmes des communautés et promouvoir le bien-être social,
- le développement des compétences pour former les artisans, les techniciens locaux et tout autre acteur impliqué dans le développement à la base.

Aujourd'hui, le système est loin de répondre à l'ensemble de ces enjeux et de correspondre aux attentes du tissu économique et social de la Guinée. La formation professionnelle est plutôt peu adaptée au marché de l'emploi. Le problème est qu'il existe un secteur informel en grande expansion qui embauche de plus en plus et un secteur formel qui n'embauche plus un grand nombre de diplômés depuis des années, mais pour lequel sont préparés les diplômés en des effectifs croissants. Il y a donc un effort d'adaptation aux réalités locales qui reste à faire dans la construction des modules de formation.

On peut donc remarquer que, les formations proposées ne correspondent que rarement aux activités sociales, économiques et aux besoins des entreprises. À cela s'ajoute les difficultés d'équipement des établissements de formation, la qualification des formateurs, le manque d'agents sociaux et d'agents territoriaux dûment formés.

La formation de ces agents est cruciale dans la situation actuelle et future de la Guinée. L'amélioration de l'efficience et du rendement de la formation professionnelle en Guinée constitue de ce point de vue un défi pour le développement à moyen, à court et à long terme du pays. À cette fin, le recours systématique à des dispositifs alternatifs de formation devrait permettre, outre le développement des relations entre les différents partenaires et les systèmes de formation, une meilleure adéquation des services de formation aux besoins de l'économie locale, de la décentralisation et des employeurs. L'amélioration du rendement de la formation professionnelle (FP) rend également indispensable le développement d'instruments et la mise en place de mécanismes permettant la mesure des offres de formation de manière régulière.

Le constat que l'on fait du système éducatif guinéen montre le faible niveau de la scolarisation. Cette faiblesse constitue un frein à l'effort de développement, notamment dans les zones rurales, où la vulgarisation des techniques, des connaissances exige un certain niveau d'éducation. De manière générale, la déficience de l'éducation se traduit aussi par l'insuffisance de dispositifs de formation professionnelle adéquate qui se révèle comme un obstacle au développement du pays.

Le taux d'analphabétisme demeurant élevé (62%) de la population représente un handicap pour la valorisation des ressources du pays afin de faire reculer les frontières de la pauvreté. Consciente de cet état de fait, la Guinée s'est dotée d'une *Loi d'orientation de l'éducation* en 1989, qui sert de cadre de référence aux différents plans de développement du secteur.

Ainsi, face à cette réalité, l'État a élaboré des outils et une loi portant création et fonctionnement des établissements d'enseignement privé. Ces procédures sont inscrites dans un cadre institutionnel et juridique décrites ci-dessous.

Sur le plan institutionnel

Il est mis en place un département chargé de la gestion des établissements d'enseignement privé. En clair, toutes les institutions privées relèvent de ce département. Son rôle est double : d'abord, encadrer les écoles d'enseignement privé en veillant à l'adéquation Formation – Emploi et à la qualité de la formation ainsi que la pertinence des programmes dispensés aux apprenants. De l'autre, servir de front-line c'est-à-dire de liaison entre ces institutions privées et l'État en vue de faciliter les démarches administratives et pédagogiques. Le service de l'enseignement supérieur privé est directement placé sous la responsabilité du Ministère de l'enseignement supérieur et de la recherche scientifique.

En outre, le département a pour mission la définition de la politique nationale du gouvernement en matière d'enseignement privé, de coordination de mise en œuvre et du suivi de l'exécution de cette politique. Il est particulièrement chargé aussi de veiller à ce que les subventions des écoles privées éligibles soient effectivement versées par l'État.

Sur le plan technique et juridique

Selon l'Arrêté N° 2001/4359/MESRS/CAB fixant les modalités de création et de fonctionnement des établissements d'enseignement supérieur privé en République de Guinée en son chapitre deux, les conditionnalités ont été définies:

Procédure de création : une demande de création formulée par le/les promoteurs est ensuite adressée au Ministère de l'éducation. Le contenu de la demande requiert les éléments ci-après: le nom de l'école, la cible concernée, les domaines de l'enseignement visé, le lieu de l'implantation, etc. Si la demande est conforme aux dispositions en vigueur, un arrêté de création est délivré par ledit Ministère. Cet arrêté ne vous autorise nullement pas à recruter les élèves et à démarrer votre entreprise. En revanche, il vous permet de mettre l'infrastructure en place : construction ou location de locaux appropriés, équipements nécessaires.

Procédure d'ouverture : une fois l'infrastructure réalisée, aménagée et totalement équipée, une visite technique est opérée par les cadres du Ministère pour apprécier l'ensemble des équipements mis en place ; votre institution est donc jugée apte à ouvrir les portes aux apprenants et une demande d'ouverture officielle est de nouveau formulée suivant deux approches:

✓ approche technique : elle concerne essentiellement le descriptif des locaux l'équipement mobilisé, la surface occupée ainsi que des conditions d'accès pour les apprenants.
✓ Approche pédagogique : elle contient les éléments méthodologiques et pédagogiques ; il s'agit de joindre à sa demande, un descriptif des programmes de formation spécifiant :
- *Composition de la structure (département, mode de fonctionnement et de gestion) ;*
- *Emploi visé au terme de la formation ;*
- *Référentiel de compétence à la sortie de la formation ;*
- *Profil d'entrée ;*
- *Propositions de programmes, de démarche pédagogoique et d'organisation de la formation ;*
- *Les CV des formateurs et du promoteur.*

À l'issue de cette démarche, un arrêté d'ouverture est pris par le Ministère de l'éducation vous autorisant à recruter les élèves. Après une année de fonctionnement, l'école est soumise à une évaluation par le Ministère de l'éducation. Si les résultats de l'évaluation sont concluants, un agrément définitif est délivré à l'institution et est officiellement enregistrée au répertoire des établissements d'enseignement privé. Cette étape finale vous permet de bénéficier deux avantages majeurs: les subventions de l'État accordées aux écoles privées agréées et l'envoi des étudiants boursiers de l'État dans les écoles supérieures reconnues.

Bref, l'analyse de ces dispositions générales et les discussions menées avec les cadres en charge de l'éducation nationale, montre l'existence des procédures d'ouverture d'une institution privée.

Malheureusement la création tout azimute des écoles privés et l'insuffisance de contrôle de la qualité et le manque total de rigueur dans le secteur de l'enseignement privé en Guinée ouvre la voie à une éducation bafouée et bâclée. Parce que les écoles privées dans leur majorité ne poursuivent pas l'excellence, mais plutôt la réalisation du profit maximum, c'est-à-dire la récolte des fonds pour s'enrichir tout simplement en sacrifiant l'avenir du pays et des générations entières.

IV. Retour sur la relation Formation - Emploi et lutte contre la pauvreté

Signalons que la finalité de la formation professionnelle quel que soit le domaine visé est d'assurer l'adéquation Formation-Emploi. Cependant, ce rôle est loin d'être assumé, car beaucoup de questions se posent : Quelle analyse des processus d'apprentissage peut-on en inférer? Dans quelle mesure permettent-ils d'éclairer un problème d'adéquation entre qualifications offertes et réalités locales ? Enfin, quels enseignements peut-on en tirer en termes de politique publique, dans un contexte d'interrogations permanentes sur les choix collectifs opérés en matière de formation?

Autant de questions souvent sans réponses se posent aux acteurs du métier. Le cas de la Guinée est symptomatique, car les modes d'approche des politiques de formation ont beaucoup évolué sans se reformer en profondeur. C'est pourquoi, la question d'«Adéquation» est restée centrale jusqu'à maintenant, notamment dans le cadre de la planification des métiers, des curricula et des qualifications.

Avec la montée du chômage des jeunes, le problème de leur insertion est devenu préoccupant. Outre le déploiement massif des dispositifs de la politique de l'emploi, l'État encourage le développement des formations professionnelles dans les filières porteuses d'emploi et le soutien aux formations en alternance.

Mais, où en sommes-nous aujourd'hui? D'un certain point de vue, l'insertion professionnelle des jeunes est un problème toujours prégnant du fait, non seulement du niveau élevé du chômage galopant, mais aussi des phénomènes de déclassement et de désajustement. Ces réalités font peser un doute sur l'efficacité de la politique de formation menée jusqu'ici. L'on se demande si cette politique est adaptée aux besoins des entreprises, des employeurs et si l'on a trop tôt élevé les niveaux et diplômes passant rapidement au système LMD; des diplômes qui ne répondent pas aux besoins du terrain, mais aussi des jeunes.

Les discussions avec les acteurs du secteur éducatif guinéen indiquent en effet, que l'interprétation de la relation Formation-Emploi met en jeu à la fois des modèles du système éducatif classique voir caduque et des modèles actuels de fonctionnement du marché du travail.

En amont de l'appariement sur le marché du travail, et donc au fondement de la relation Formation-Emploi, se trouvent d'un côté les comportements des apprenants (leurs choix de formation, qui déterminent la structure de l'offre de travail) et de l'autre, la demande de travail des employeurs (ONG, entreprises, collectivités, Bureau d'études...).

L'offre des demandeurs d'emploi selon les niveaux et les spécialités de formation ne peut pas être considérée comme purement exogène – c'est-à-dire exclusivement impulsée par des politiques publiques de formation ou d'orientation volontaristes. Il est essentiel de comprendre les processus de choix des individus, dans le cadre des contraintes auxquels ils sont soumis.

En effet, quand les individus prennent l'initiative de poursuivre leurs études, l'on a tendance à penser qu'ils le font en fonction d'un certain nombre de paramètres, comme la valeur du salaire moyen correspondant au diplôme visé, au moment de leur choix : c'est- à- dire qu'ils se fondent sur l'existant ou l'observé.

Dans ce cas, du fait du décalage temporel (investissement en formation par rapport au temps), il est probable que ces paramètres soient changés au moment de leur arrivée sur le marché du travail. Et l'écart sera d'autant plus grand que de nombreux individus auront fait le même calcul: si les salaires et les débouchés dans l'informatique, la téléphonie mobile en vogue en Guinée, les filières de comptabilité ou encore de la gestion sont importantes, on peut penser que de nombreux jeunes vont se diriger dans cette voie ; ce qui peut entraîner une baisse des opportunités dans ce métier. Ajustement salutaire du marché pour l'avenir, mais sans effet sur l'investissement en éducation déjà réalisé, qui est largement irréversible.

De manière générale, les recherches sur cette question centrale font défaut. Mais, on peut trouver là une explication du déclassement «subjectif » ressenti par certains individus. Certes, comme le soulignent **Emmanuelle Nauze-Fichet et Magda Tomasini**, les appréciations subjectives négatives sont relativement corrélées au déclassement objectif telles qu'elles le définissent en termes salarial : obtention d'un salaire inférieur au salaire médian du diplôme immédiatement inférieur. Mais cette corrélation entre position dans la distribution objective des salaires de son niveau de diplôme et ressenti négatif est loin d'être parfaite et l'on est tenté de penser que – parmi de nombreux autres facteurs – les erreurs d'anticipation jouent un certain rôle que la formation nécessaire pour exercer un métier, une profession peut s'acquérir aussi par l'expérience professionnelle – ainsi que par la formation continue – si bien qu'il est réducteur de postuler une nécessaire adéquation *a priori* entre une formation initiale et une profession.

De toute évidence, nous devons prendre conscience de cette dimension dans l'élaboration des programmes de formation afin de répondre à la question de la relation formation – emploi. Il faut naturellement articuler ces différentes approches théoriques avec des besoins pratiques de lutte contre la pauvreté. On peut admettre que la fonction du système scolaire est à la fois de trier (classer) et de « former » (doter les individus de capacités productives). À ce niveau, la formation professionnelle est en général axée sur l'apprentissage de compétences plus directement productives, et liées au marché du travail. Il faut se garder cependant à l'esprit comme signalé plus haut que: l'enseignement professionnel est en crise ; il faut le refondre pour le rendre plus compétitif et plus adapté aux réalités actuelles de notre pays et de notre monde.

On peut conclure sur cet élément en disant qu'au-delà de ses implications empiriques, le passage progressif des « qualifications » aux « compétences » devrait nous amener sans doute à changer nos représentations en termes d'adéquation et d'insertion.

Une première conséquence est qu'il faut passer, quand on s'intéresse aux « besoins » des employeurs, d'une prospective des métiers et des qualifications à une prospective des compétences à acquérir, en gardant à l'esprit – pour ne pas reproduire une approche adéquationniste réductrice – que la formation requise renvoie à un éventail (formation initiale, continue, expérience, ancienneté). Et ce d'autant plus que les « compétences », au-delà des savoirs techniques, renvoient aux « savoir-faire » et « savoir-être » qui ne peuvent pas s'acquérir seulement dans le système de formation initiale.

Une deuxième conséquence est sans doute qu'il faut s'efforcer de rapprocher encore **l'école du monde du travail** à **l'école de l'acquisition des compétences**. De ce point de vue, il serait intéressant de savoir plus précisément, que l'avantage des formations professionnelles sur le marché du travail est le résultat d'un processus de sélection des offres de formation ou d'une meilleure articulation des formations aux besoins des employeurs (les entreprises, ONG, collectivités locales, institutions nationales et internationales ainsi que les organismes gouvernementaux…).

V. Référentiel de compétences

Les contenus des formations doivent être élaborés en s'appuyant sur les exigences de l'existant territorial et en synergie avec des professionnels et doivent faite l'objet d'actualisation régulière afin de répondre au mieux aux évolutions à la fois technologique du travail et organisationnelles des structures d'emploi. Leur développement sera étendu à tous les niveaux de l'enseignement professionnel, correspondant au souci de doter les jeunes Guinéens et acteurs du développement de savoirs opérationnels précis en capacités d'apprentissage qui leur permettront de s'adapter à l'évolution des techniques selon leur domaine professionnel.

De leur côté, les jeunes – en théorie du moins – seront incités à choisir leur formation en fonction de ses débouchés. Il est donc légitime de notre part de se préoccuper de savoir si les emplois visés sont effectivement en corrélation avec les besoins du terrain: si cela s'avère le cas, les jeunes auront acquis en formation les savoirs et savoir-faire utiles au développement de la Guinée d'une part et nécessaires à la réalisation de leur projet professionnel d'autre part. Cela suppose qu'on est alors dans une situation optimale puisqu'elle contente les trois acteurs que sont : **le formateur, l'apprenant et l'employeur.**

Les référentiels de compétence devraient découler des programmes qui visent les apprenants en quête de formation professionnelle ; les élus locaux acteurs incontournables de leurs territoires et les cadres en situation professionnelle en seront les bénéficiaires secondaires. Ainsi, les compétences principales projetées se définissent évidemment comme suit:

En termes de savoir-faire :

- Savoir-faire de l'animation en contribuant au processus d'auto développement des communautés (animations des groupes cibles/bénéficiaires, mise en relation, partenariat entre les acteurs) ;
- Compétence en conseil-appui, à la fois technique et pédagogique ;
- Savoir faire la formulation, conception, gestion des actions de développement avec la participation effective des collectivités locales ;
- Savoir définir et accompagner des dynamiques locales de développement dans un esprit de partenariat et d'entreprenariat et mettre en place des processus de transfert de compétences aux collectivités locales ;
- Savoir renforcer les capacités et les compétences des structures communautaires (le conseil communautaire, les groupements et associations, des artisans) ;
- Savoir la médiation, en aidant à prévenir et à gérer les conflits entre les différents acteurs locaux, en jouant le rôle d'interface et en pratiquant la neutralité à l'égard des divers partenaires.

Au regard des exigences des fonctions à assumer, les connaissances à mobiliser en terme de savoirs sont:

- connaissance des outils et des méthodes de lecture et d'animation du territoire;
- comprendre les concepts de décentralisation et du développement territoriale; ainsi que les principales articulations;
- connaissance en gestion de partenariats stratégiques et opérationnels;
- acquisition des compétences communicatives et rédactionnelles ;
- maîtrise de la gestion du cycle de projet et des connaissances en évaluation des actions de développement.

En termes de savoir- être, l'apprenant devra savoir :

- se mettre au service des autres;
- être rigoureux, sérieux et (conséquent),
- être un cadre intègre ;
- jouir d'une bonne probité morale et intellectuelle ;
- être disponible à travailler partout (à la fois en milieu rural et urbain) ;
- être capable de travailler en équipe et de respecter les lois locales, les mœurs, les coutumes, etc.

Cette approche permettra d'amorcer le développement au niveau local en vue de contribuer significativement à réduire la pauvreté et de contribuer efficacement à l'atteinte des objectifs de Développent Durable en matière d'éducation d'ici à 2030.

Les apprenants seront amenés à s'organiser pour prendre en main la gestion de leurs projets professionnels. Ceci oblige une formation solide de qualité afin de permettre aux étudiants à s'autogérer et favoriser la création d'emploi.

Les élus locaux et les professionnels en activités, compétences renforcées.

Les élus locaux, à travers la formation à la carte et au-delà des fonctions traditionnelles qui leur sont dévolues, vont remplir les compétences essentielles relatives à:

- l'orientation des actions de développement dans la collectivité;
- la mobilisation de fonds endogènes et exogènes pour une autogestion des collectivités,
- la prise de décisions liées au développement dans la collectivité.

Les professionnels en activité, s'inscrivant en formation continue, devront être amenés à renforcer leurs compétences en:

- ✓ gestion et en évaluation de projets ;
- ✓ renforcement des capacités institutionnelles, administratives et financières des organisations locales à la base;
- ✓ conseil-appui aux collectivités locales ;
- ✓ diagnostic institutionnel et organisationnel, etc.

Conditions de viabilité d'une structure de formation en développement

Une institution de formation est à la fois un lieu de production et de transmission de savoirs, de savoir-faire et de savoir être mais aussi, un lieu de consommation de services divers (charges du personnel, de fonctionnement, d'amortissement...).

Autrement dit, les CFP sont autant de demandeurs de services que d'offreurs potentiels de formation. Pourtant, l'histoire récente est là pour nous démontrer les nombreux échecs des CPF sur le continent. Beaucoup de centres créés ont été fermés dès leurs premières années d'existence pour plusieurs raisons dont entre autres : l'insuffisance de formateurs compétents, maque d'équipement adéquat, programmes de formation inadaptés etc.

L'idée de la mise en place du centre de formation en développement local doit porter sur une analyse critique de la question de viabilité technique, financière, politique, sociale, etc. Ce qui est parfois vrai, nous pensons surtout que tout est question de légitimité, de méthode et somme toute de qualité. Tant que la qualité (méthode d'enseignement) n'est pas au rendez-vous, que les contenus de formation ne sont pas suffisamment adaptés, il ne faut guère s'attendre à une pérennisation et par ricochet à l'adhésion et l'appropriation de la cible du dispositif.

Pour être sûr, il existe encore un manque flagrant de transparence/visibilité des dispositifs et de leurs procédures de fonctionnement, limitant leur accessibilité, ainsi qu'un manque de «professionnalisme» de la part des responsables de formation ; ce qui limite considérablement la qualité de la formation. Force est de reconnaître que ces lacunes ne sont pas propres seulement aux CFP, mais figurent aussi au niveau des structures d'appui ou des services techniques. Pour l'heure, ces lacunes ne constituent pas une limite aux ambitions nourries par les porteurs de projet en matière de création d'ingénierie de formation en développement.

Par ailleurs, dans la plupart des cas de figure, la formation reste en pratique suscitée « d'en haut » par les techniciens et leaders qui ont accès au financement et qui ignorent quasiment les besoins des groupes cibles au sein de leur communauté.
D'un certain point de vue, le lien entre l'offre et la demande de formation reste encore à construire. Il faut aussi reproduire « l'approche projet » qui consiste à identifier des publics à former mais aussi à adopter une « approche en termes de services » qui consiste à rendre accessible un service (ici la formation d'un groupe cible qui en est dans le besoin).

Selon les points de vue recueillis, l'accent n'est pas du tout mis sur l'analyse des besoins de formation qui normalement est une phase capitale qui doit permettre de clarifier les intérêts, stratégies et motivation des personnes concernées par la formation et de s'assurer de l'existence de débouchés effectifs ou potentiels ; du fait que la formation coûte chère, elle doit être efficace et efficiente). Ainsi, la formation doit être conçue de façon à avoir un maximum de chance d'être mise en pratique ; ce qui implique que les compétences acquises doivent conduire à procurer un avantage immédiat relatifs au revenu et/ ou au statut social.

En toute objectivité, créer un dispositif de formation demande une qualité managériale et un savoir-faire. Il est donc nécessaire de chercher à mettre en place, ou à consolider, de véritables « **dispositifs** », ou systèmes, qui puissent être ou durables et qui fonctionnent à plus long terme sans appui de projet (même si cela n'exclut pas les subventions). Ces dispositifs peuvent être constitués d'un ensemble d'éléments et de fonction standards et cohérents, allant de l'expression du besoin exprimé par le public jusqu'à l'évaluation de la formation, en passant par l'analyse des besoins, la formulation des demandes, le financement de la formation, etc.
En tant que structure de formation, il importe de tenir compte de:
1. la viabilité à long terme du dispositif (durabilité) ;
2. l'accessibilité au plus grand nombre ;
3. l'efficacité de la formation en termes de compétences et d'effets tangibles.

La viabilité à long terme du dispositif (durabilité): viabilité selon les démarches, et stratégies

Développement de partenariat
Le partenariat est essentiel dans le cadre du pilotage d'un dispositif de formation en matière de développement. Cette expérience est partagée partout dans les institutions de ce type. C'est le cas par exemple au CIEDEL qui développe des partenariats très durables avec des acteurs au Nord comme au Sud, impliqués dans les questions de développement et de la solidarité internationale. Le partenariat occupe donc une place de choix dans la gestion et le fonctionnement du dispositif. Il permet de mutualiser les expériences et les compétences. Il peut aussi s'inscrire dans la logique d'appui financier, d'animation de cours en salle et des échanges entre les formateurs opérant sur les thématiques communes.

La mise en partenariat tant au niveau local, national qu'international est une démarche à encourager afin de mieux traiter les problèmes communs. L'avènement de la décentralisation a favorisé l'émergence de nouveaux acteurs sur le territoire. Le territoire est ainsi devenu le lieu de la vie quotidienne, l'espace du débat citoyen, de l'adaptation des interventions publiques aux réalités locales et de leur appropriation par le plus grand nombre.

Avant d'être un périmètre administratif ou même une zone géographique, il est d'abord un ensemble humain et le nœud de leurs relations. Il doit favoriser l'apprentissage de la vie collective et constituer un espace privilégié du dialogue social, de partenariat et de mutualisations. Il intègre aussi les populations les plus démunies par une mixité sociale choisie. Sur le plan local et mondial, le territoire et la planète sont les deux faces d'une même pièce. L'un ne va pas sans l'autre. Et c'est sur ce territoire que la formation des acteurs doit se jouer.

Notons que l'avenir des territoires et de leurs habitants dépend du destin d'autres territoires. La conscience de cette interdépendance transforme désormais l'action de développement dans les territoires. Loin du repli sur soi ou d'une compétition exacerbée, le développement local affirme que l'avenir des territoires est dans un accroissement de partenariats, de coopérations, d'échanges et de solidarité. À la normalisation par la mondialisation des économies, nous opposons la mondialisation des solidarités.

Le partenariat est donc une réalité incontournable et chaque structure de formation peut se constituer un réseau important d'intervenants issus de différentes formations. Un réseau multi-acteurs (de l'emploi, de techniciens, de professionnels du développement, de professeurs d'universités,). La mission assignée à un tel réseau est de partager les compétences et les savoir-faire et être une force de stimulations de réflexions, notamment à travers la diversité des compétences des acteurs qui le composent.
Une autre dynamique concerne son rôle d'interface entre les acteurs de l'emploi et les étudiants, venant ainsi légitimer l'institution comme une structure offrant des produits de qualité au service du développement des territoires.

Donner un nouvel élan à la décentralisation, construire et renforcer une nouvelle gouvernance locale

Le contexte de la Guinée est très intéressant en matière de territorialisation. Chaque territoire est inséré dans d'autres, du village à la Commune en passant par la région et l'Etat. Cela donne la possibilité et la capacité pour l'ensemble de ces niveaux à développer des stratégies communes de développement, de quoi dépend le dynamisme des Collectivités locales. Conformément à la logique de spécialisation et de répartition des compétences instituées par la réforme des collectivités locales, c'est l'exercice de la responsabilité partagée qu'il faut rechercher. Avec les mobilités croissantes et la prise en compte de phénomènes tels que l'inter-territorialité, de nouveaux agencements institutionnels doivent être imaginés et de nouveaux systèmes de relations sont à inventer.

En revanche, la logique actuelle de recentralisation est à contre-courant de l'histoire, à contre-courant d'une confiance et d'une responsabilité que les citoyens réclament. Pour relever les défis contemporains, il est urgent de promouvoir des modes d'organisation permettant la diffusion d'une culture de responsabilité et de solidarité, qui suscitent l'inventivité et soutiennent les projets. Il est indispensable de faire évoluer non seulement nos comportements mais aussi de repenser l'organisation de l'action publique elle-même en privilégiant les logiques de coopération et non de concurrence, la transversalité et non la verticalité, les processus de développement et non les procédures lourdes et inutiles. Les relations entre société civile et institutions doivent évoluer, les relations entre les acteurs publics versus privés aussi.

Il s'agit de promouvoir une nouvelle gouvernance territoriale basée sur une logique de co-construction, de co-élaboration et de co-mise en œuvre de l'action publique. Car, en réalité, c'est d'un nouvel élan de décentralisation dont les citoyens et leurs instances de gouvernance ont véritablement besoin et non d'une régression démocratique et institutionnelle.

La pratique du développement local est convaincue que la réponse aux multiples crises actuelles ne viendra pas uniquement des politiques communautaires ou nationales, mais qu'elle se construira aussi au travers des démarches locales et des mobilisations citoyennes. D'autres courants de pensée et d'autres familles de pensée partagent aujourd'hui, les mêmes craintes, les mêmes constats et cette même volonté de transformation. L'enjeu est désormais d'élargir cette mobilisation à un grand nombre d'acteurs et d'organisations autour d'une dynamique commune de résistance, de réflexion et de propositions.

Enfin, le partenariat est le creuset des échanges, des relations et de mise en lien des savoirs et des compétences. C'est un aussi un moyen usuel pour une structure de formation de développer les synergies et permettre ainsi l'envoie des étudiants en stage professionnel. Le contact entre stagiaire et professionnel de développement est une occasion propice d'apprentissage et/ou de consolidation des connaissances. C'est pourquoi le développement des partenariats (opérationnel ou stratégique) pour une formation en développement est un axe de viabilité.

Mise en place d'une équipe stable de formateurs

Une structure de formation doit disposer d'une équipe stable de formateurs compétents. C'est un atout majeur, car l'échec de certains centres de formation en Afrique de l'ouest est dû en partie à l'instabilité (départ) du personnel enseignant. Des mesures d'encouragement du corps enseignant (salaire décent, renforcement de capacités, reconnaissance du travail bien fait...) doivent être prises en compte. Il n'est pas superflu de penser à mettre en place une équipe pluridisciplinaire, aux compétences variées permettant d'offrir une formation de qualité.

Les promoteurs d'établissements professionnels privés sont encouragés à constituer en permanence une équipe forte et dynamique traversée par l'engagement, la volonté et la motivation.

Mise en place de bourse locale à caractère social

Dans le cas spécifique de la Guinée, nous avons pensé qu'il est possible de mettre en place un dispositif de bourse locale pour permettre aux apprenants et apprenantes en situation de précarité et confrontés aux questions de financement d'avoir accès à la formation. Il existe déjà auprès de l'Etat guinéen un dispositif national de financement de la formation des jeunes bacheliers orientés dans les institutions d'enseignement supérieur privé.

La présence des sociétés minières dans le pays est un atout à saisir, car elles sont fortement implantées dans les régions et ont besoin du personnel local pour appuyer les communautés dans leur processus de développement. Chaque société développe le volet Développement communautaire. Elles peuvent être mises à contribution. En plus des sociétés, il y a souvent les fonds logés dans les ambassades qui permettent le renfoncement de capacités des acteurs nationaux ou locaux. Il y a donc des opportunités qui permettent de soutenir la formation des jeunes par l'existence d'un dispositif de bourse. Le pilotage du dispositif nécessite une réflexion profonde sur son mode de gestion, de fonctionnement et les critères d'accès pour les étudiants. Nous n'avons pas pour prétention de le décrire ici.

VI. Stratégie de communication: promotion des apprentissages et référencement de l'institution

La communication prend toute sa dimension dans la mise en œuvre, la gestion et le fonctionnement d'une structure de formation en développement. Elle s'oriente vers la dynamique de la promotion des apprentissages et la reconnaissance de l'institution en tant que lieu d'acquisition de savoirs, savoir-faire et de savoir être. L'image d'une entreprise détermine aux yeux des clients, le succès de celle-ci. C'est important de veiller à l'image de marque de votre institution, parce qu'elle résulte de la perception par le public (client ou pas) d'une multitude d'éléments physiques ou immatériels.

C'est une image perçue, elle peut donc être différente de l'image que l'institution a d'elle-même. Et cette image se forge à travers des composantes d'une extrême diversité (politique, institutionnelle, sociale, culturelle, économique, qualité des services) dont chacune nécessite autant d'attention de la part du promoteur.

En se basant sur les composantes citées et dans la logique de mise en œuvre d'un tel projet, nous avons tenté envisager quatre modes de communication permettant de toucher les cibles :(jeunes en quête de formation professionnelle, les élus locaux, les cadres en activité) et les parents afin de les convaincre pour le financement de la formation de leurs enfants.

Axe médias (radio privée/publique, presse écrite)

L'explosion des medias ces dernières années en Afrique de l'ouest ouvre les opportunités d'accès à l'information et à la liberté de presse. Bien entendu, beaucoup de défis restent encore à relever dans ce domaine.

Dans un pays où le taux d'analphabétisme est élevé, où la pauvreté s'empare de la plus grande majorité des populations – il n'y a souvent pas d'électricité en zone rurale et dans certaines villes, et il faut des moyens que beaucoup n'ont pas pour s'acheter un téléviseur – les médias comme la radio sont donc une clé de voûte pour la communication et l'accès à l'information.

La situation actuelle de la Guinée Conakry est illustrative de cette réalité et laisse entrevoir des possibilités aux entreprises de ventre leur service via la presse. Il existe un nombre important de radios communautaires et de journaux privés/publics capables d'informer la population. Les radios sont implantées dans toutes les villes principales et régions du pays et privilégient les langues locales pour la transmission des informations. L'utilisation de ces radios et journaux permet de faire une communication suffisante sur un dispositif de formation notamment sur les différentes modalités de l'apprentissage.

Structures de relais (Eglises, Mosquées, Associations, ONG...).

Un autre axe de marketing porte sur les structures. Leur implication dans la diffusion de l'information autour d'un dispositif de formation permet d'atteindre un plus grand nombre de parents et d'apprenants. Ces structures de relais ont une influence notoire en matière de transmission et d'accès à l'information. Par exemple, les mosquées et les églises sont un lieu par excellence des rassemblements. D'autres structures comme les associations de quartier, les ONG peuvent tout aussi être des moyens par lesquels on peut bâtir une stratégie de communication pour atteindre la cible.

Organisation des conférences et des ateliers

La tenue des ateliers et des conférences quoique coûteuse peut en être un moyen direct de marketing. Un atelier, une conférence est un moment de rencontres vivantes avec les acteurs du territoire où beaucoup de choses peuvent se négocier, ou des compromis sont possibles. Il s'agit des Ministres, les Responsables d'ONG, la Société civile, Association des Maires, les Recteurs d'université ainsi que les proviseurs des Lycées, les journalistes de la presse écrite et orale, les ambassadeurs, les agences onusiennes etc. Ce sera un moment important pour communiquer sur les modalités d'accès à la formation et solliciter des autorités et autres acteurs, des engagements à accompagner le projet.

Cette démarche est cohérente avec les réalités de chaque pays et donne des clés de lecture pour la définition de stratégie de communication autour d'un dispositif de formation. Ceci dit, il n'y a pas de schéma prédéfini pour construire une démarche de communication, chaque acteur peut définir sa propre stratégie en fonction du contexte et de ses ressources - actions.

Son accessibilité au plus grand nombre

Sans doute, nous venons ci-haut décrire toute cette démarche qui répond à la question de l'accessibilité du plus grand nombre de clients. Plus les gens sont informés de l'action, mieux, ils en parlent. Les conditions d'accessibilité du public doivent nécessairement être crées en fonction du contexte et des besoins exprimés par l'institution. Ces conditions se déclinent en fonction des enjeux poursuivis, car tout le monde n'a pas le même intérêt dans un projet. C'est d'ailleurs une des raisons pour laquelle le promoteur est encouragé à définir sa cible et à déterminer les moyens pour l'atteindre.

L'efficacité de la formation en terme de compétences et d'effets

L'approche par compétences, nécessite l'implication systématiquement et à divers titres les professionnels et d'autres acteurs du territoire. Cependant, il faut éviter la tendance qui vise à instrumentaliser la formation au détriment de ses objectifs intrinsèques et donc des besoins des personnes à former. L'identification des publics, l'analyse des besoins, les modalités de formation, etc, sont souvent biaisés par des objectifs qui ne sont pas ceux de la formation proprement dite : objectif de cohésion interne de l'institution, stratégies de captage de fonds, de positionnement de leaders, etc. Même le souci de maintenir une équité dans l'identification des publics à former s'effectue souvent au détriment de l'efficacité 'technique' de la formation.

Le montage d'un dispositif de formation doit déjà inclure cette dimension dans l'élaboration des programmes pertinents et dans le pilotage institutionnel et administratif.

Analyse de l'impact de la formation professionnelle en développement local

L'évolution de l'environnement social, politique et économique complexifie l'espace d'intervention des structures d'encadrement. En fonction de l'évolution du milieu, il devient une nécessité d'identifier pour chaque niveau d'intervenant les aptitudes et habilités à développer pour atteindre la performance dans la mise en œuvre des projets et programmes de développement. La formation devient du coup un outil dynamique et indispensable dans le développement. En effet, la tendance vers la professionnalisation, l'augmentation du niveau de qualification et d'expérience ainsi que la spécialisation des acteurs et des agents de développement font que les besoins en formation sont devenus de plus en plus spécifiques, tendant ainsi à améliorer la qualité des interventions avec les partenaires au développement à tous les niveaux.

Aussi bien au sein de l'Etat, des organisations non gouvernementales que des entreprises, le développement exige d'une manière évidente de disposer des hommes et des femmes compétents à tous les niveaux pour conduire et gérer l'évolution adaptée au contexte concerné. C'est pourquoi, le renforcement des capacités à travers des formations qualifiantes initiales ou continues apparaît comme une des exigences majeures du développement actuel au niveau du continent Africain.

Par ailleurs, la forte poussée démographique des quarante dernières années, des jeunes (50%) de moins de 17 ans soulève la question de leur insertion professionnelle. Sachant que le secteur rural représente de plus de 80% des emplois et auto emploi selon les pays, une bonne partie de ces jeunes dont les effectifs grimperont dans les années à venir devra s'installer en milieu urbain. L'insertion de cette cohorte 17-24 ans pose la question de sa formation afin qu'elle soit absorbable par le marché du travail. Cette insertion ne peut être possible que par la qualification professionnelle de ces jeunes.

Face à ce défi de taille et dans le domaine spécifique de la formation, les collectivités, ONG et l'Etat sont tout à fait conscients de leurs carences dans tel ou tel domaine relatif à la mise en œuvre de leurs activités stratégiques. Bien des leaders par exemple des ONG n'ont pas tous les compétences managériales nécessaires et ce, malgré une grande volonté de bien faire.

Pourtant la formation est l'un des moyens dont disposent ces ONG pour assurer une adéquation entre le niveau de compétences de leur personnel et le niveau d'exigence des programmes qu'elles mettent en œuvre. C'est ainsi un moyen, pour les salariés, les volontaires et même les stagiaires de réussir leur projet professionnel personnel et d'évoluer professionnellement. Les formations nécessaires pour améliorer cette situation peuvent revêtir des formes très diverses :

- ✓ formation interne ou externe ;
- ✓ collective ou individuelle ;
- ✓ qualifiante/diplômante ou non en situation de travail ;

Ainsi, comprendre les besoins du territoire, identifier les projets qui, pour réussir, auraient besoin d'un accompagnement par la formation, mettre en forme une demande, construire un plan de formation, monter concrètement un stage sont autant d'opérations nécessaires, qui présupposent un travail d'analyse, de réflexion et de concertation: étude des besoins, recherche de la meilleure réponse possible, travail sur la pédagogie et les modalités.

Ceci montre que l'aspect territorial du développement repose sur des éléments essentiels que sont:
- ✓ l'existence d'un espace construit, caractérisé par une identité forte (les racines), des ressources et des groupes sociaux dynamiques;
- ✓ la présence d'activités aussi diversifiées que possible, ancrées dans ce territoire et performantes (ouvertes sur l'extérieur ou non);
- ✓ l'existence d'hommes et de femmes "citoyens", responsables, compétents pour porter ou appuyer des projets, mais également soucieux d'un bien commun partagé.

Les démarches de professionnalisation ont en commun de s'appuyer sur quatre étapes préalables:
- ✓ la constitution d'un référentiel professionnel (définition du "métier", analyse de situations professionnelles de référence, description de tâches et d'activités);
- ✓ l'identification des comportements requis ("être");
- ✓ la définition des connaissances à mobiliser ("savoir")
- ✓ et des capacités à mettre en œuvre ("savoir-faire").

La mesure des écarts permet de définir les besoins de formation, dans un contexte et avec des acteurs déterminés, en respectant les étapes de la démarche de professionnalisation: il est difficile (ou illusoire) de vouloir "faire plus" si le "faire", c'est-à-dire les qualifications de base, n'est pas maîtrisé.

Démarche de professionnalisation

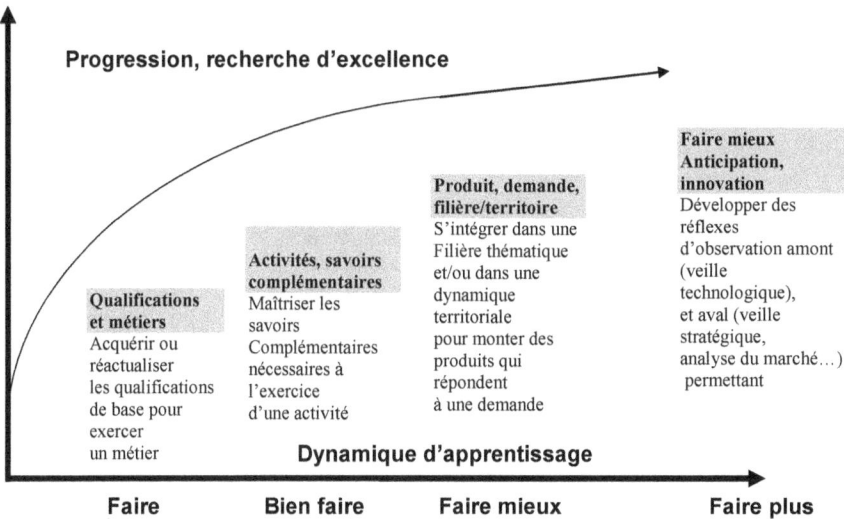

Progression, recherche d'excellence

			Faire mieux **Anticipation, innovation** Développer des réflexes d'observation amont (veille technologique), et aval (veille stratégique, analyse du marché…) permettant
		Produit, demande, filière/territoire S'intégrer dans une Filière thématique et/ou dans une dynamique territoriale pour monter des produits qui répondent à une demande	
	Activités, savoirs complémentaires Maîtriser les savoirs Complémentaires nécessaires à l'exercice d'une activité		
Qualifications et métiers Acquérir ou réactualiser les qualifications de base pour exercer un métier			

Dynamique d'apprentissage

| **Faire** | **Bien faire** | **Faire mieux** | **Faire plus** |

Modalités de mise en œuvre

Les modalités concrètes de mise en œuvre des formations expriment les principes de souplesse, de rigueur (élaboration de règles précises) et de transparence (mise en place d'un groupe de pilotage associant sur le terrain les diverses compétences locales).

Compte tenu du temps nécessaire au développement d'une institution de formation, il paraît logique de ne pas "couper les vivres" trop tôt. Le soutien technique et financier doit être continu, mais reconsidéré régulièrement dans un objectif d'autonomie financière progressive. L'évaluation est nécessairement double. Elle doit repérer ce qui s'est effectivement produit dans le champ de la formation (évolution des qualifications, contenus des programmes, diplômes délivrés, etc.), mais elle doit aussi mesurer les effets sur le développement.

L'introduction de la formation à distance est également une option à choisir pour répondre aux besoins de tous ceux qui ne peuvent pas se déplacer pour des raisons d'éloignement, de disponibilité, de ressources financières suffisante, etc. Conçu sous forme de modules flexibles, le cours peut être suivi à temps complet ou à temps partiel. Le contenu de la formation, souvent très varié, doit être constamment perfectionné et mis à jour. La formation à distance, nécessite un suivi régulier et une méthode de travail parfaitement adaptée. Outre les supports papier, il faut mettre en place une stratégie consistant à prévoir l'accompagnement par téléphone, les sessions groupées, le contact par courrier électronique. Ces instruments permettent de suivre les apprenants et d'étendre facilement le cours à d'autres zones rurales ou urbaines trop éloignées.

La formation à distance demande aussi de la part des apprenants, une réelle volonté et un engagement fort. Il faut du temps consacré au cours et aux exercices, mais, souvent, les professionnels du développement en activité sont confrontés à la question de la gestion du temps de travail et celui consacré aux modules. C'est pourquoi une planification sérieuse doit être faite en tenant compte des contraintes professionnelles et de l'environnement de l'apprentissage.

VII. Déficit des métiers en développement: cas des animateurs territoriaux et des agents sociaux; un défi de taille en Guinée

Le diagnostic fait sur les métiers d'animateurs territoriaux et d'agents sociaux en Guinée montre à suffisance un manque de dispositifs cohérents de formation et axés directement sur la formation au métier d'agents sociaux, d'animateurs territoriaux ou d'agents de développement local etc. Beaucoup d'agents ne disposent pas des outils de base nécessaires à la conduite de l'animation du territoire: management social, identification des dynamiques, repérage des acteurs du territoire, montage des politiques locales, stratégies de mise en œuvre etc.

Or, depuis quelques années, on constate une émergence croissante de nouveaux territoires très connus sous le nom de collectivités locales. Qu'il s'agisse des Communes ou des régions, le territoire local est devenu un espace complexe générateur de dynamiques et doté d'acteurs variés. La gestion des affaires publiques et locales, comme la conception et la mise en œuvre des politiques locales de développement, ne peuvent plus s'inscrire dans un périmètre donné auquel correspondrait une structure publique unique.

De ce fait, nombreuses pratiques de concertation, de réunion, de consultation et de participation se sont développées et se développent encore dans les collectivités décentralisées et exigent un savoir-faire appris et acquis. Les citoyens s'intéressent de plus en plus à la chose publique et politique. Le dialogue est inévitable, pourtant, les professionnels de développement notamment les agents de terrain n'ont pas toujours les clés pour animer ces dynamiques, pour éveiller chez les citoyens du territoire les réflexes du changement, de l'amélioration de leurs conditions de vie. Ils sont confrontés à l'inertie et à la contre production de débats peu porteurs de changement. Pourtant, pour animer, il faut avoir les repères, les outils, les qualités et les aptitudes. L'animateur est une « sage-femme communautaire », il doit s'appuyer sur les techniques pour faire émerger le changement; c'est de la « maïeutique ».

La Guinée a besoin aujourd'hui de former les vrais spécialistes du développement et de l'action sociale. Souvent, ce rôle est rempli de façon assez « intuitive » suite à une « formation sur le tas ». Pourtant, les besoins en ressources compétentes sont multiples et la formation, initiale ou continue reste en Guinée un outil essentiel de développement. Parce que la formation initiale s'effectue sur la base des programmes quant à la formation continue, elle s'exécute à partir d'un plan de formation fondé sur les besoins exprimés. En Guinée, tout le monde est unanime là-dessus, il n'y a pas de développement social et économique sans de véritables ressources humaines bien formées. En effet, la qualité du service rendu et les critères de performance d'une administration sont très dépendants de la valeur professionnelle de son personnel. La filière administration sociale et l'agent de développement local sont incontournables dans le développement actuel de la Guinée et les exigences d'une société mondialisée dans laquelle les valeurs « compétences, mérites, intelligence… » sont autant réclamées.

La lutte contre la pauvreté intergénérationnelle en Guinée ne sera possible que si les pouvoirs publics et locaux investissent d'avantage dans le développement du capital humain notamment les enfants.

Les enfants en Guinée souffrent de pauvreté multidimensionnelle et sont aujourd'hui frappés de privations multiples. La majorité d'entre eux est privée simultanément et concomitamment d'une alimentation adéquate qui les permet pas d'assurer une bonne croissance physique et psychique, d'une vaccination complète pour rejeter les maladies évitables, d'un acte de naissance alors que chaque moto ou chaque voiture achetée dispose de toutes pièces requises, mais nos propres enfants ne possèdent pas un acte d'état civil faisant d'eux de bons citoyens à part entière.

D'autres enfants sont privés d'une éducation de base solide qui les empêche de mieux se développer sur le plan cognitif et sur le plan du bien-être social et moral. Car si l'éducation coûte tant; que coûteront demain l'ignorance et la pauvreté qui continuent à se transmettre de génération en génération par manque d'éducation. Nous pouvons et devons aujourd'hui rompre avec la chaine de pauvreté. Car investir dans les enfants, c'est aussi investir pour l'avenir.

Un peuple éduqué, est un peuple libéré. Notre monde devient de plus en plus exigeant et compétitif, marqué par une accélération vertigineuse de la technologie. L'homme de demain ne pourra aisément vivre que s'il a la moindre maitrise de son environnement technologique, or cela doit passer d'abord par une éducation de base. Déjà pour un homme ou une femme de ménage, conduire sa voiture, circuler à pied sur certains territoires, cultiver dans son jardin etc. demandent un minimum de savoir.

Il est donc important de noter que dans le secteur public comme dans le secteur privé, la formation initial, continue et ou le perfectionnement des intervenants sociaux est une nécessité pour assurer l'efficacité face à la complexité et l'évolution constante des problématiques sociales en Guinée.

Les interventions dans le développement local et dans le champ social, exigent l'acquisition de compétences et le renouvellement constant des compétences.

C'est pourquoi, il est possible que l'on s'intéresse tout d'abord à la notion de Développement Local. Dans le vocabulaire courant, il y a plusieurs définition du concept, mais celle qui retient le plus notre attention est résumée comme suit : **«le développement local est une démarche qui consiste à rassembler, sur un espace vécu comme une référence de proximité, le plus possible des forces en présence pour prendre des décisions et les mettre en œuvre de façon à assurer sur cet espace un « vivre ensemble » qui réponde le mieux possible aux besoins et aspirations de ceux qui y vivent et agissent en valorisant au mieux les ressources locales »** Cette définition est riche en contenus et nous tentons de les interpréter dans ce tableau ci-dessous :

Démarche	Chemin, processus, mouvement,
qui consiste à **rassembler,**	Processus de mobilisation et de « mise ensemble » autour d'un objet commun
sur un **espace**	Périmètre, lieu, contours
vécu comme	Hommes y vivent et y réalisent des actes quotidiens : d'habiter, de travailler, d'étudier, de pratiques et activités sociales, relationnelles, culturelles, etc.
une référence	Identifiable pour un grand nombre de personnes qui mènent beaucoup d'activités sur le même espace
de proximité,	Où la plupart des décisions sont accessibles

le plus possible	système de contraintes du aux jeux d'acteurs
des **forces en présence**	Humaines : forces vives, énergies, idées, compétences, individus et collectifs, organisés ou non, formelle ou informelle ; secteur privé ou public ; tous secteurs Intrinsèques au territoire – espace physique et espace d'histoire, espace social et de savoirs : Atouts, ressources, patrimoine naturel et culturel, savoirs faire, tissu économique, tradition sociale, associative, positionnement géographique, infrastructures, universités, centres de recherche,…
pour prendre des **décisions**	Recherche de maîtrise de son devenir, volonté de peser sur les orientations et les évolutions, d'opérer des choix
et les **mettre en œuvre**	Traduction effective « sur le terrain », sens du concret et de la responsabilité

assurer un « vivre ensemble »	projet de société, capacité à faire une combinaison pacifique de la multiplicité des intérêts en présence
qui réponde **le mieux possible**	système de contraintes du aux moyens insuffisants et aux influences externes
aux besoins	Besoins physiologiques–matériels, Reconnus comme universels, champs très différents (logement, nourriture, accès à l'eau, santé, éducation, sécurité, emploi, vie sociale - appartenance – intégration, autonomie)
et aspirations	capacité à s'épanouir, se réaliser, conduire son projet de vie Individuelles et collectives
de ceux qui y **vivent et agissent**	Prenant en compte toutes les dimensions de la personne humaine
En **valorisant** au mieux les **ressources locales**	S'appuyant sur les atouts et les potentiels du territoire, sans attendre son salut de l'extérieur

En se basant sur cette définition, la formation au métier de développement local revêt un intérêt de taille en Guinée et vise à répondre à trois enjeux principaux :

Enjeu1 : Appui aux politiques et aux dynamiques de la décentralisation: le pays est un vaste chantier, il y a beaucoup à faire tant en milieu rural qu'en milieu urbain en matière de développement social et humain. La décentralisation amorcée depuis 1985 peine à se concrétiser et à répondre aux enjeux locaux: création de services locaux de base, gouvernance locale, accompagnement des collectivités à la maitrise d'ouvrage, définition et gestion de service public local, transfert concomitant de ressources etc.

La question de l'aménagement du territoire local en infrastructures sociales de base (routes, centres de santé, hydraulique, mobilisation et gestion des ressources locales) constitue aussi une difficulté majeure qui mine les collectivités territoriales.

Avant d'aborder les deux autres enjeux, que sait-on de la décentralisation guinéenne ?

L'histoire de la Guinée comme colonie française commence par le décret français de 1882 érigeant les « Rivières du Sud » en colonie sous dépendance de Dakar, puis celui du 1er Aout 1889 affranchissant celle-ci du contrôle du Sénégal pour en faire par le décret de 1891 la « Guinée française » avec le docteur Noel Ballay comme premier gouverneur installé à Conakry.

Si historiquement, il est possible de faire remonter la décentralisation à l'époque précoloniale comme l'a démontré Ousmane Sy en traduisant le terme décentralisation par « le retour de l'administration à la maison »[3], force est de constater que la période coloniale puis les indépendances qui ont suivi ont dans l'immense majorité des pays de coopération prioritaires pour la France été dans le sens d'une centralisation des pouvoirs dans les mains de l'Etat, même si certaines villes étaient dotées d'un statut de collectivité territoriale comme en Afrique de l'Ouest et centrale, ou si l'Etat s'est appuyé sur des systèmes de gestion locale comme dans certains pays du pourtour méditerranéen ou sur les autonomies locales comme au Ghana.

De fait, la plupart des processus de décentralisation sont nés ou se sont accélérés en Afrique à la charnière des années 80 / 90, dans une période marquée à la fois par les conséquences d'une décennie ou plus d'ajustements structurels, qui avaient réduit la présence de l'Etat au niveau local à sa plus simple expression, par la fin de la guerre froide, par les suites du discours de La Baule, et par la montée des revendications démocratiques et/ou identitaires des citoyens et de certains territoires.

Le système de l'administration colonial permettait déjà d'associer les fonctionnaires locaux à la gestion publique des affaires de la colonie. Les postes de commandement étaient installés à l'intérieur du pays comme étant des services déconcentrés. Les auxiliaires locaux assuraient le fonctionnement de l'administration coloniale au plus près de la population.

Après l'indépendance de la Guinée en 1958, malgré la rupture brutale avec la France, le régime de Sékou va profondément s'inspirer du système administratif français. Il installe dans chaque village des FAPA (Fermes Agropastorales) et PRL (Pouvoir Révolutionnaire Local).Les habitants s'organisent en groupement de solidarité et entités sociales organisées en fonction des liens de parentés, de

---

[3] Reconstruire l'Afrique, Ousmane Sy, édition Charles Léopold Mayer, Mai 2010.

voisinage. etc. En 1984, suite à la mort de Sékou Touré et à la faveur de l'ouverture de du pays après le 3 Avril de cette même année, le gouvernement de la deuxième République opte pour un modèle de développement décentralisé. Une volonté claire s'affiche sur la nouvelle façon de gérer les affaires du pays.

Les origines de la décentralisation guinéenne remontent d'une part à celles connues par la plupart des pays issus de la colonisation française qui ont à peu près une histoire commune qui a une influence sur les choix faits en termes de décentralisation. En Guinée comme tout à ailleurs en Afrique francophone, la politique coloniale s'est régulièrement appuyée sur le transfert de compétences aux collectivités locales par les biais des auxiliaires locaux représentants de leurs localités. Ensuite, la décentralisation française a servi, sinon de modèle, au moins d'exemple pour la conception du dispositif de décentralisation en Guinée.

Le processus de la décentralisation a commencé en Guinée en 1985 à partir du DISCOURS PROGRAMME DU PRESIDENT LANSANA CONTE dont en voici un extrait : « Nous faisons le choix d'une société fondée sur les solidarités naturelles mises au service du développement. Renforcer ces solidarités là où elles existent encore, c'est l'objet de la décentralisation. Les créer aux niveaux plus complexes de la vie économique et sociale, c'est l'enjeu de la planification contractuelle et décentralisée ».

Ce discours démontre clairement que la décentralisation en Guinée s'est basée sur des traditions de coopération et d'entraide qui ont été toujours vivantes dans les campagnes. Pour construire une maison, récolter un champ, secourir un malade, nos populations se regroupent spontanément. Il s'agissait en tenant compte de ces réalités locales, tant humaines, financières que technique de procéder à une décentralisation administrative en partageant une partie de responsabilités avec les collectivités locales afin de créer le cadre dans lequel les populations peuvent se mobiliser et prendre en charge elles-mêmes leur propre développement local.

A ces facteurs internes s'ajoutent :
• Volonté politique nationale de l'Etat guinéen à opter pour un modèle de développement (discours programme de 1985 du général Lansana Conté) ;
• Recherche de service public de qualité qui soit plus près du citoyen ;
• Corriger les effets des Programmes d'Ajustement Structurels: déflation et échec des projets nationaux entrainant des déséquilibres au sein du pays et des familles (fermeture des usines de thé de Macenta, Huilerie de Dabola....).

D'autre part et enfin, comme facteur externe la pression des bailleurs de fonds notamment le FMI et la Banque mondiale par les (mesures d'austérité des programmes d'ajustement structurels) qui ont connu de l'échec dans le pays.

Organisation de la décentralisation en Guinée

La Guinée est un Etat fondé sur le principe de l'unité ; un Etat un et indivisible. Le pays compte sur l'ensemble du territoire national 342 collectivités décentralisées constituées d'organes délibérants exécutifs. Les collectivités décentralisées sont organisées à trois niveaux:

1. **les CR** (Communes Rurales). Il existe officiellement 304 Communes Rurales correspondant au nombre des sous-préfectures.
2. **les CU** (Communes Urbaines) au nombre de 38 (33 à l'intérieur plus les 5 communes de Conakry) correspondant aux préfectures. Les communes urbaines **sont donc constituées de l'ensemble des quartiers.**
3. **Les régions** telles que prévues dans la constitution de 2010, constituent le troisième niveau de la décentralisation non encore effectif.

Principaux types de compétences transférées

La logique d'application de la décentralisation en Guinée est celle des blocs de compétences. Cette logique préside à la répartition entre les différentes collectivités, depuis l'Etat jusqu'aux collectivités locales de certaines prérogatives et des charges y afférentes.

Dans le cadre de notre pays, les compétences transférées tant au niveau des CR qu'au niveau des communes urbaines sont entre autres : des services sociaux, éducatifs et sanitaires de base (construction, réhabilitation, entretien des équipements collectifs) du développement socio-économique et de l'entretien de pistes.

En somme, il y a 32 domaines de compétences qui sont transférés aux collectivités décentralisées (CR et CU). Les compétences sont étendues et distinctes de celles des services de la tutelle. La répartition des compétences entre l'Etat et les collectivités locales est fondée sur le principe de subsidiarité qui signifie que les compétences doivent relever de l'entité la plus en mesure de mettre efficacement en œuvre la compétence objet de la répartition. A ce titre, le Code des collectivités Guinéennes.pdf en son article 4, fixe les principales missions confiées aux collectivités locales par l'Etat :

Les collectivités locales ont pour mission de:
• encadrer la vie collective de manière à favoriser et à garantir l'exercice par leurs citoyens des droits et devoirs que leur confère la loi ;
• promouvoir et de renforcer l'harmonie de leurs rapports et la jouissance durable et tranquille de leur territoire et de ses ressources ;
• gérer les biens collectifs au nom de leurs citoyens et leur bénéfice équitable ;
• promouvoir et favoriser le développement économique, social et culturel de leur communauté ;
• favoriser leurs citoyens en vue de satisfaire leurs besoins et leurs demandes dans la mesure de leurs capacités et de leurs moyens ».

Les ressources des collectivités et mobilisation

Les recettes propres que les collectivités locales mobilisent sur leur territoire sont constituées des produits de la fiscalité locale, des produits du patrimoine, des revenus du domaine et des recettes de prestation. Ces recettes portent sur des matières diverses. Le tableau suivant donne quelques détails sur la politique fiscale en Guinée.

Dispositifs d'Appui

Les collectivités ont vocation d'être plus proches des citoyens et d'offrir des services répondant à leurs attentes. A cet effet, la planification locale repose sur quelques principes essentiels dont : la maîtrise d'ouvrage du processus par les collectivités (CR ou CU), la participation des populations locales dans le processus et la relance des dynamiques économiques locales pour appuyer et pérenniser le processus de décentralisation.

C'est pourquoi, en appui au renforcement des capacités des collectivités à planifier, à mettre en œuvre et à suivre leur propre développement de façon participative, le Gouvernement a mis en place plusieurs projets et programmes de développement avec l'appui des partenaires au développement : Programme d'appui aux communautés villageoises - PACV (lancée en 1999 avec l'appui de la Banque Mondiale, du FIDA, de l'ADF et de l'AFD), le Programme d'appui au développement local - PDLG (lancé en 2000 avec en partenariat avec le PNUD et le FENU), le projet de développement social durable - PDSD (lancé en 2002 avec l'appui de la Banque Africaine de développement).

Il existe le FIV (Fonds d'Investissement Villageois) pour soutenir les initiatives locales portées par les collectivités. L'administration territoriale et ses services sont représentés sur le terrain. Au niveau CR, il y a la sous-préfecture et au niveau de la Commune, le Préfet et au niveau de la région, il y a le gouverneur. Cette administration assure l'appui aux collectivités. En plus, il existe un Ministère de l'Administration du territoire et de la décentralisation avec pour mission :
• assister les collectivités décentralisées dans la préparation, l'exécution et le suivi de leurs programmes et projets de développement et veiller à l'harmonisation de ceux - ci avec le plan national de développement ;
• assister les populations dans l'effort de développement à travers les mouvements associatifs et participatifs;
• favoriser le jumelage des collectivités décentralisées guinéennes entre elles et avec des collectivités locales étrangères ;
• mettre en place un système de planification contractuelle et décentralisée

Dispositifs d'appui technique

Il est créé la direction nationale de la décentralisation qui est en charge de la formation des élus locaux (renforcement des capacités des élus) et de la diffusion des différents textes portant sur la décentralisation ainsi que la sensibilisation pour plus de participation des populations locales. Au niveau préfectoral, Il y a le SPD (Service Préfectoral de Développement) qui est chargé d'appuyer techniquement les collectivités pour l'élaboration de leurs PDL (Plan de Développement Local).
L'Etat a mis aussi à la disposition des Maires et des Présidents de CR, des secrétaires communaux et communautaires pour assurer la fonction d'appui -conseil (les secrétaires généraux et communautaires assurent auprès des collectivités la maîtrise d'ouvrage et d'œuvre)

En Guinée, il existe également l'Association des Maires de Guinée, une organisation des élus qui œuvre auprès du pouvoir central pour la prise en compte de leurs problèmes.

Mode d'exercice du pouvoir local

Le conseil communal (CR)

Les membres du conseil communautaire sont choisis parmi les membres du conseil de districts composant la communauté rurale de développement. L'ordonnance no 092/PRG/SGG/90, portant organisation et fonctionnement des communautés rurales de développement en République de Guinée, fixe les modalités de désignation des membres du conseil communautaire. Le conseil communautaire est composé de représentants des conseils de districts et de ceux des organisations à caractère socioéconomiques (Titre3, chapitre, article 13 de l'092/PRG/SGG/90).Les conseillers communautaires sont élus pour un mandat de 4.Le conseil communautaire siège au chef-lieu de la CRD et se réunit une fois au moins par trimestre. Le président de la CRD préside le conseil et a sous son autorité, un secrétaire communautaire nommé par arrêté de l'autre de tutelle.

Le conseil communal (Commune urbaine)
Le conseil communal est élu au suffrage universel direct. Le nombre de conseiller varie en fonction de la taille de la commune. Peuvent faire partie du conseil communal, les représentants de groupements à caractère économique et social (Titre 2 chapitre I, Article 28 de l'ordonnance 019/PRG/SGG/90).

Le conseil communal est élu pour un mandat de 4 ans. Les conditions d'éligibilité et d'incompatibilité au sein du conseil sont définies au chapitre II, titre2 de la même ordonnance aux articles 37 et 44. Le conseil a obligation de se réunir 4 fois par an sous convocation du Maire. Le Maire a également sous son autorité le secrétaire général de la commune nommé par arrêté par l'autorité de tutelle. Les conseils communautaire et communal délibèrent en toute matière pour laquelle compétence leur est donnée. En gros, les délibérations portent sur :
• L'adoption du budget
• La gestion des domaines publics et privés des collectivités
• La création d'impôts et de taxes
• La création ou la transformation d'emploi

De manière générale, les activités des organes délibérants en ville comme en milieu rural se recoupent conformément aux ordonnances : 019/PRG/SGG/90 et 092/PRG/SGG/90.

La Tutelle

Il existe deux niveaux de tutelle : la tutelle centrale et la tutelle rapprochée. Les pouvoirs de la Tutelle sur la C.R.D. sont exercés par le Ministre de l'Intérieur et de la Sécurité. Toutefois, la Tutelle rapprochée est assurée par les Gouverneurs de Régions, les Préfets et les Sous-préfets. Les préfets disposent de plus en plus de moyens humains et de structures. Ils ont assisté par le secrétaire général chargé des collectivités décentralisées qui a la charge de coordonner les directions techniques préfectorales et d'harmoniser leur intervention en faveur des collectivités. Il a sous sa responsabilité le SPD (Service Préfectoral de Développement)

Le pouvoir de Tutelle comporte les fonctions suivantes:

• d'assistance et de conseil aux C.R.D et Communes urbaines

• de soutien à leur action et d'harmonisation de cette action avec celle de l'Etat;
• de contrôle; (à priori sur l'opportunité de la décision et à posteriori portant sur la légalité des actes posés et le respect des règles en vigueur.
La tutelle s'exerce par voie:

• D'approbation ou d'autorisation préalable;

• De suspension ou de révocation.

Le rôle du Préfet est d'assister et d'aider les collectivités locales à assurer leur propre développement. Il doit favoriser et encourager la création d'associations interdistricts pour la réalisation et la gestion des opérations dont l'ampleur et le coût dépassent un seul district. (Article 22, ordonnance no 079).

La décentralisation en Guinée : une reforme avancée, mais pas achevée
Pour comprendre la décentralisation en Guinée, nous avons voulu la caricaturée par cette image d'une jolie maison architecturalement bien réalisée. Sa **fondation** représente les **textes de loi- code des collectivités**, son **mur, fenêtres** et **chambres** bien compartimentées, représentent les différents **domaines de compétences transférées** et enfin **sa toiture**, c'est **la Tutelle** avec son rôle d'appui et de contrôle. Tout est bien construit. Malheureusement, la splendide maison n'est pas équipée et ne peut donc pas être habitée.

Aujourd'hui, la décentralisation se heurte à des difficultés majeures qui constituent son frein. Les compétences transférées ne sont pas accompagnées de moyens effectifs (matériels, humains et financiers). Les collectivités décentralisées n'ont pas encore les compétences et les capacités à mobiliser leurs propres ressources. Pourtant la décentralisation apparaît comme un processus privilégié pour : i) rapprocher, voir réconcilier les pouvoirs publics et les populations, ii) améliorer l'offre et la qualité des services, et iii) donner une nouvelle impulsion au développement local (lutte contre la pauvreté…).

Au total, le cadre institutionnel et juridique de la décentralisation est en place comme le démontre cette image ci-dessus (soubassement de la maison). En plus, à travers différents projets et programmes appuyés par les partenaires, un processus a été engagé pour faire des collectivités locales guinéennes de véritables acteurs de développement à la base et favoriser la prise de conscience par les populations de leur responsabilité par rapport à leur propre devenir.

Au nombre des résultats, on pourrait citer l'appropriation progressive par les acteurs des processus, mécanismes et instruments de gestion du développement à la base, une contribution sans cesse croissante à l'amélioration de la prestation des services publics locaux en relation avec la réalisation des objectifs du millénaire pour le développement (principalement dans les domaines des services sociaux de base : éducation, santé, eau et assainissement), et l'émergence d'une société civile active sur le terrain.

En dépit de cette avancée, les collectivités locales sont loin d'assumer leurs rôles de répondre aux attentes. Leurs faibles capacités institutionnelles et humaines, le déséquilibre profond entre leurs missions et les ressources disponibles, sans oublier la faiblesse de l'économie locale, qui affecte notablement les conditions de viabilisation des collectivités, sont au nombre des facteurs limitant des performances des collectivités en général.

A ces faiblesses, il faut ajouter également les capacités limitées de l'administration publique en matière d'encadrement et d'assistance financière et technique en faveur des collectivités. En plus le contrôle de la tutelle est peu efficace et souvent mal appréciée par les élus. Si la tutelle pèse mal, l'articulation entre collectivités décentralisées et services déconcentrés sera mal rodée. Dans ce cas la toiture risque de faire écrouler le mur ou crée des fissures.

En conclusion, si on considère que la décentralisation est irréversible, et même s'il existe des exemples de réussite au niveau de certaines collectivités territoriales, le risque est grand que les blocages actuels des processus amènent les collectivités territoriales à ne pas faire mieux que ce que les services des Etats ont fait jusqu'ici.

Alors, la décentralisation est-elle un effet de mode ou une réelle volonté de l'administration publique à partager le pouvoir avec la périphérie ?

Revenons donc aux deux autres enjeux tel que évoqué plus haut.

Enjeux2 : Favoriser le développement économique et social : le retour de la Guinée à un ordre constitutionnel offre des opportunités d'appui financier. L'aide publique au développement de la Guinée pourrait augmenter pour les années à venir, mais, pour une gestion efficace de cette aide au niveau local afin qu'elle puisse réellement servir aux populations à la base, il y a un besoin réel de formation et de renforcement de compétences des acteurs locaux capables de gérer et de piloter les différents dispositifs d'appui au développement local.

Enjeu 3. Développer le partenariat et le travail collaboratif entre les différents acteurs (*associations, groupements, ONG, partenaires,...*). On assiste à une explosion des organisations locales connues sous le nom de la société civile. Cette société civile prend de temps en temps corps et forme et entend s'impliquer dans la construction des politiques publiques locales et nationales. De nombreux acteurs émergent sur le territoire, il est nécessaire que les acteurs travaillent ensemble sur les questions transversales du développement du pays. Pour cela, ils ont besoin d'être accompagnés et appuyés pour être opérationnels et efficaces.

De ces trois enjeux découlent les enjeux pour les apprenants et pour l'institution:

Pour les apprenants), la formation leur permettra de:

✓ acquérir des compétences nécessaires en matière de l'animation territoriale et de l'exercice des fonctions communales (gestion de projets, administration locale, gestion et comptabilité locale, animation des réunions, secrétariat communal et régional...).
✓ avoir des compétences pour mettre en œuvre et accompagner une stratégie de développement (évaluation, aide à la décision, au choix et au mode d'action, à la stratégie à conduire pour orienter l'action et orienter les autres (appui-conseil-accompagnement...).
✓ avoir des outils pour comprendre et appréhender les dynamiques de développement dans leurs spécificités et dans leur globalité (outils de diagnostic territorial, aménagement du territoire,...).
✓ acquérir des savoirs, savoirs faire et savoir être pour construire et accompagner les différentes relations partenariales.

Pour l'institution

✓ créer un institut reconnu en matière de formation des acteurs en développement local;
✓ rendre les ressources humaines disponibles sur le marché du travail en Guinée par le biais de la formation des jeunes et cadres en activité dotés de compétences nouvelles et capables de contribuer à l'animation des dynamiques locales ;
✓ diversifier les compétences à travers des cursus de formation répondant aux besoins des apprenants et des employeurs dans le pays et dans la sous-région ;
✓ développer un réseau d'acteurs de développement et universitaires pour favoriser les échanges et la mutualisation des expériences dans le domaine de la formation professionnelle et universitaire liée à la fonction d'agent de développement.

VIII. Référentiel de compétences au sortir de la formation

Ce référentiel identifie des macros compétences communes à l'ensemble des métiers du développement local et territorial. Il s'agit notamment de:

✓ capacité en matière de gestion des collectivités et à l'exercice de la fonction municipale et capacité à lire des dynamiques de développement sur un territoire dans leur globalité comme dans leur spécificité,
✓ compétence à favoriser l'émergence des dynamiques locales, à choisir la stratégie appropriée pour orienter l'action et les acteurs avec la posture d'agent d'appui, conseiller et d'accompagnateur,
✓ connaissance du territoire (diagnostic territorial),
✓ ingénierie et la conduite de projet (gestion du cycle de projet, mise en place des activités génératrices de revenus...),
✓ compétence en communication au développement et la mobilisation des ressources locales, la mise en œuvre et la gestion partenariale (renforcement des capacités de la société civil locale),
✓ capacité liée à la gestion comptable locale.

A travers les macros compétences identifiées, le programme aura pour ambition de faciliter la mise œuvre des dynamiques de développement dans les communautés et d'aider les professionnels dans leur mobilité, de contribuer à une meilleure adéquation des formations aux besoins des territoires guinéens, de la sous-région et des employeurs.

Principe de déclinaison de la formation

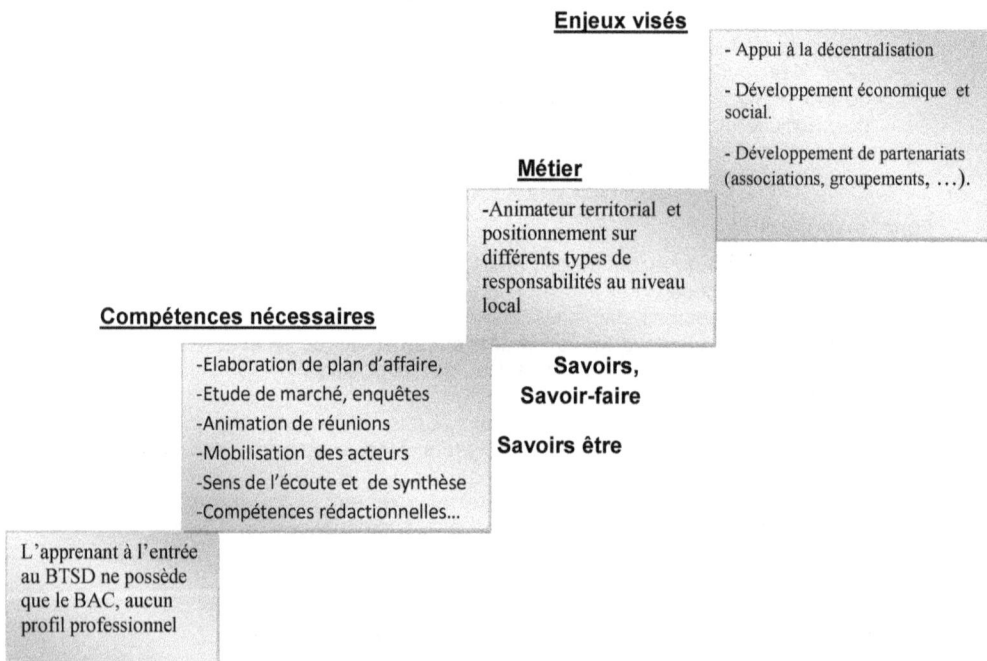

<u>**Enjeux visés**</u>

- Appui à la décentralisation

- Développement économique et social.

- Développement de partenariats (associations, groupements, …).

Métier

-Animateur territorial et positionnement sur différents types de responsabilités au niveau local

<u>**Compétences nécessaires**</u>

-Elaboration de plan d'affaire,

-Etude de marché, enquêtes

-Animation de réunions

-Mobilisation des acteurs

-Sens de l'écoute et de synthèse

-Compétences rédactionnelles...

Savoirs,
Savoir-faire

Savoirs être

L'apprenant à l'entrée au BTSD ne possède que le BAC, aucun profil professionnel

<u>**Profil d'entrée**</u>

La Pertinence du programme pour les apprenants

La finalité première d'un programme de formation au développement est de donner aux jeunes bacheliers et bachelières, une formation initiale professionnelle et universitaire dans le domaine du développement local afin de faciliter leur **insertion professionnelle:** emplois dans des collectivités territoriales, des associations et leurs fédérations, des chambres consulaires, des banques de crédit, des mutuelles, des groupements professionnels...

Ingénierie de formation en développement est aussi tournée vers le développement de compétences spécifiques :

✓ développement et gestion de projet de service, à caractère social, économique, touristique, culturel ;

✓ animation d'une activité, d'une structure, d'un événementiel etc. dans le cadre des territoires ruraux.
✓ acquisition de compétences rédactionnelle et communicative

En raison des réalités actuelles, des exigences éducatives et des besoins du marché de l'emploi dans le pays, les enjeux de ce programme sont :
✓ adapter la formation aux besoins du marché de l'emploi ;
✓ contribuer au développement de la discipline BTSD
✓ permettre aux étudiants d'avoir une qualification professionnelle reconnue ;
✓ former des étudiants capables de mieux intervenir dans le cadre des activités de développement en Guinée et ailleurs.

Nécessité d'accompagner l'apprenant dans son parcours d'acquisition de compétences

Tout d'abord, un réel projet de développement professionnel est défini par l'apprenant au moment de son inscription en formation diplômante. Le projet doit s'inscrire dans la stratégie globale de la structure, et donc permettre une réelle acquisition de compétences pour assurer une évolution professionnelle. Un accompagnement individualisé se met donc en place pour opérer un suivi personnalisé de l'apprenant tout au long de son parcours scolaire.

Un projet de développement professionnel oblige une redéfinition d'un dispositif organisationnel et technique en lien avec le projet d'insertion professionnelle visé ou le projet de retour à l'emploi. Pour les professionnels en activités, il ya moins de doute, car ils sont nettement sur la logique de renforcement ou d'acquisition de nouvelles compétences avec déjà une garantie d'emploi en main.

Ensuite, pour accompagner l'apprenant dans son parcours d'acquisition de compétences, la structure de formation peut proposer au besoin un tutorat (un tuteur soit à l'intérieur ou à l'extérieur de l'institution), et organiser un dispositif de suivi et d'évaluation de la situation professionnelle de l'étudiant (des séances de suivi de projet, des discussions avec l'apprenant, de présentation du projet orale et écrite).

Enfin, dans l'accompagnement à la professionnalisation de futur agent de développement, une analyse de la situation professionnelle et à l'évaluation des compétences à acquérir sont nécessaires. Cette analyse peut porter sur le **sommaire des savoirs** ayant pour but de permettre à l'accompagnateur de situer les principaux acquis déjà disponibles chez l'étudiant. Il y a aussi, le **sommaire des attitudes,** c'est un résumé des possibles manières d'agir de l'apprenant face aux multiples situations professionnelles rencontrées.

Des évaluations de la situation professionnelle de l'individu en formation permettent d'assurer un suivi de la conduite de son projet professionnel, de valider les progrès accomplis par l'apprenant et de mesurer, d'interpréter, de corriger les écarts entre les objectifs visés par la formation du futur diplômé et les acquis professionnels.

Les supports d'aide à ces évaluations peuvent être élaborés avec la participation des étudiants. Les temps d'évaluation sont encore plus riches s'ils sont accompagnés d'une analyse des compétences par étapes réalisée par l'apprenant.

On peut mettre ce dispositif en place de manière systématique visant le bilan des compétences antérieures et des compétences à développer avant la formation, puis le bilan des compétences développées et des compétences à développer. Ce rythme correspond à des moments clés de la formation :
- ✓ prise de parole de l'apprenant en salle
- ✓ pertinence des interventions
- ✓ travaux de validation individuelle des devoirs
- ✓ validation en groupe
- ✓ présentation orale etc.

L'intégration d'apprenants dans les structures: un processus à favoriser.

Nous avons parlé de partenariat comme une stratégie de survie pour l'institution. Il est important de rappeler que le partenariat surtout avec les structures d'emploi a une place de choix dans l'intégration des apprenants tant pour les stages en milieu professionnel que pour l'emploi.

L'intégration des jeunes, surtout ceux qui sont à leur premier pas professionnel n'est pas aussi si simple. C'est pour cela que cette question doit être prise au sérieux dans la construction des dispositifs de formation afin que les formations soient effectivement axées sur les vrais besoins. On est donc dans une relation « **gagnant-gagnant** ».

A l'issue de la formation, beaucoup de diplômés ont le plus de mal à se positionner sur le marché de l'emploi. Une réflexion serait à conduire et à imaginer en amont de la formation toutes les stratégies de l'adéquation formation-emploi avec un travail de positionnement personnel à travers un bilan et un projet professionnel plus approfondi.

> ➤ **Impliquer encore plus les acteurs du réseau de l'insertion**

S'il existe des dispositifs nationaux d'insertion et de réinsertion, il est tout à fait normal d'établir un partenariat avec eux. A l'inverse, il faut avoir de la capacité à prendre des initiatives visant la mise en place des relations partenariales avec les professionnels du domaine.

Pour les personnes intéressées, mais qui ne connaissent pas ce milieu de l'insertion, ne pourrait-on pas envisager des périodes d'immersion avant la formation pour confirmer ou infirmer des orientations dans ce milieu ?

> ➤ **Accompagner encore plus dans l'évolution des compétences**

Ainsi, la création d'un outil de suivi des compétences dit le journal de bord pourrait de nouveau être travaillé avec les apprenants et, cette fois, avec des structures d'accueil dans un esprit « recherche - action ». Se servir d'un journal de bord, comme outil de réflexion pour chaque apprenant, sur sa place au sein du groupe de formation permettrait peut-être d'enrichir le registre de ces compétences. L'analyse entre apprenants sur leurs places respectives dans le groupe et plus largement dans leur participation à l'animation de la formation sous toutes ses dimensions pourrait participer à resserrer les liens tissés entre eux d'une part et entre eux et les intervenants d'autre part.

Schéma du processus d'intégration en milieu professionnel

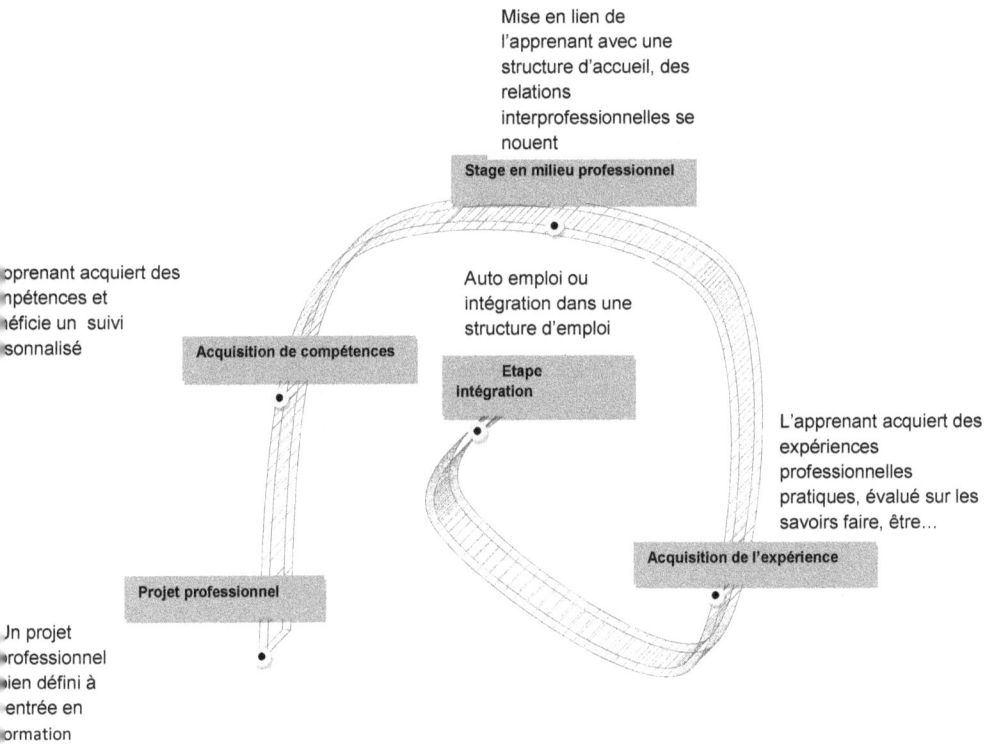

Mise en lien de l'apprenant avec une structure d'accueil, des relations interprofessionnelles se nouent

Stage en milieu professionnel

apprenant acquiert des npétences et néficie un suivi sonnalisé

Acquisition de compétences

Auto emploi ou intégration dans une structure d'emploi

Etape intégration

L'apprenant acquiert des expériences professionnelles pratiques, évalué sur les savoirs faire, être…

Acquisition de l'expérience

Projet professionnel

Jn projet professionnel ien défini à entrée en ormation

X. Conclusions finales: (perspectives)

Les contradictions mises en évidence entre les enjeux du développement local et les dispositifs actuels de formation en Guinée induisent un certain nombre d'orientations:

- ❖ **L'exigence d'une formation de base de qualité** assurant l'alphabétisation du plus grand nombre de Guinéens. L'éducation de base est un droit mais aussi une condition de la croissance comme du développement des espaces, des individus et des sociétés qui constituent la base à condition qu'elle atteigne une masse critique.

- ❖ **La mise en place de dispositifs de formation professionnelle** extrêmement diversifiés pour répondre tout à la fois à l'exigence d'une formation de masse pour des publics alphabétisés ou non, extrêmement hétérogènes (agriculteurs, jeunes adultes, agents de développement), selon des modalités adaptées à chacun de ces publics et aux situations locales particulières (apprentissage, formation technique, formation professionnelle continue, formation alternée...).

- ❖ Compte tenu de l'ampleur des questions à résoudre (diversité des publics, formation de masse, adaptation des formations aux conditions locales, gestion prévisionnelle rigoureuse des ressources humaines et des fonds publics...) seules des **interventions et des partenariats** d'origines diversifiés semblent aujourd'hui susceptibles de répondre à ce défi: interventions de l'Etat, d'organisations non gouvernementales, d'associations, de groupements de base, d'organismes professionnels...

- ❖ Avec la multiplication des organismes de formation, des intervenants, comme des formes d'intervention, se pose le problème de la cohérence globale du dispositif de formation professionnelle. A cet effet, **le rôle de la puissance publique est d'assurer cette cohérence** par la définition des orientations générales de la politique éducative, la garantie de l'accessibilité au savoir pour tous, l'agrément des organismes de formation et des cursus, l'évaluation de la qualité des formations dispensées et la reconnaissance des diplômes.

- ❖ Il est également indispensable de **redéfinir les objectifs et les contenus des programmes**. Déterminés hier pour la formation des cadres de l'Etat, construits par juxtaposition de disciplines scientifiques, ils ne correspondent pas à l'exercice des métiers et activités professionnelles qui impliquent une approche transversale et intégrée des différents champs disciplinaires.

- ❖ Il faut **repenser les méthodes pédagogiques**, car dans un cadre de publics hétérogènes, d'opérateurs multiples et d'adaptation aux métiers, il serait absurde de prôner une pédagogie unique. Les méthodes pédagogiques doivent, à chaque fois, être adaptées à des publics différenciés, à des objectifs professionnels, à des situations d'apprentissage diversifiées, à des moyens et des supports permettant d'atteindre les plus larges publics.

  Enfin, ces dispositifs de formation professionnelle ne sauraient bien évidemment se réduire aux seules formations « d'agents territoriaux», **même si la majeure partie des problèmes de développement soit aujourd'hui ressentie au niveau local.**

Annexes : définitions et concepts

Définitions:
A. QUELQUES DEFINITIONS DU DEVELOPPEMENT LOCAL

- Processus visant le bien-être des populations d'un territoire déterminé à travers la création, l'accumulation et la distribution des richesses sur un territoire progressivement contrôlé par ensemble de ses habitants (J. MERCOIRET)

- Processus dynamique de mobilisation des ressources et énergies locales visant une amélioration des conditions de vie, des ressources et des potentialités (J. MERCOIRET)
- Processus de mobilisation d'acteurs en vue d'élaborer des stratégies d'adaptation aux contraintes externes (ou internes) sur la base d'une identification culturelle et territoriale (J. MERCOIRET)
- Le DL est une démarche globale de mise en mouvement et en synergie des acteurs locaux pour la mise en valeur des ressources humaines et matérielles d'un territoire donné, en relation négociée avec les centres de décision des ensembles économiques, sociaux et politiques dans lesquels ils s'intègrent " (P. HOUE, 1989)
- Ni mode, ni modèle, le DL est une dynamique qui met en évidence l'efficacité des relations non exclusivement marchandes entre les hommes pour valoriser les richesses dont ils disposent. " (PECQUEUR, 1989)
- Le DL c'est la démarche de ceux qui ne veulent pas que l'avenir leur tombe sur la tête (M. E. CHASSAGNE)
- Le DL est vu comme un processus de mobilisation des acteurs, destiné à l'élaboration de stratégies d'adaptation à des contraintes extérieures, en s'appuyant sur une culture, une histoire et un territoire (Union Ntionale des Acteurs et des structures du Développement Local / UNADEL)
- le DL, c'est une volonté politique de certains acteurs de changer la situation du territoire sur lequel ils vivent en entament un processus et des actions en vue de construire, par leurs efforts conjoints avec le reste de la population, un projet d'avenir à ce territoire en intégrant les diverses composantes économiques, sociales et culturelles en articulation avec les autres niveaux de décision (E. PARODI)
-     Processus concret d'organisation de l'avenir d'un territoire: il résulte des efforts conjoints de la population concernée, de ses représentants, des acteurs socio-économiques et éventuellement des agents de l'Etat, pour construire un projet de développement intégrant les diverses composantes économiques, sociales, culturelles des activités et des ressources locales (Délégation à l'Aménagement du Territoire et à l'Action Régionale / DATAR)
- Le DL est un processus qui se caractérise par la création, l'accumulation et la distribution des richesses sur un territoire progressivement contrôlé par l'ensemble de ses habitants. Il fédère l'ensemble des efforts qui concourent à la réalisation de la prospérité et du progrès d'une localité par l'action des habitants eux-mêmes. Le DL englobe une dimension de développement endogène ou autocentré, c'est à dire basé sur les ressources et les moyens locaux. Il va au-delà, parce qu'en plus de la mobilisation des ressources et énergies locales, il fait appel aux relations extérieures pour accroître son propre dynamisme (Mission De Décentralisation du Mali).

- Le DL est une démarche volontaire d'acteurs se réunissant sur un territoire à taille humaine pour envisager l'avenir de leur territoire, cela en perspective avec d'autres niveaux d'administration et d'autres échelons politiques de la nation (un chargé de mission auprès du Comité de Liaison des Bassins d'Emploi).
- Une organisation à construire par de l'information en reliant des acteurs publics et privés, engagés dans une dynamique de projet sur un territoire (Un chargé de mission auprès du Ministère de l'Equipement, Direction de l'Aménagement et de l'Urbanisme).
- Processus de développement intégral d'un territoire dans lequel tous les acteurs sociaux, économiques, institutionnels sont engagés à partir de leurs ressources et de leurs potentialités (intervenant à la rencontre CCFD de Valparaiso).
- Forme de développement qui s'appuie sur une importante mobilisation des acteurs et des ressources locales, sur un territoire donné, en vue d'initier une dynamique de développement économique, social, culturel et politique durable (Universités de Printemps 2001 VSF).
- Processus de diversification et d'enrichissement des activités économiques et sociales sur un territoire à partir de la mobilisation et de la coordination de ses ressources et de ses énergies (X. GREFFE).
- Démarche fédérative de mobilisation des acteurs d'une zone géographique autour d'un projet d'ensemble économique, social, culturel visant à créer une dynamique durable sur un territoire (M. ROCARD).
- Processus, dynamique dans lequel des acteurs diversifiés agissent pour produire, vivre et s'organiser dans des espaces différenciés, en relation avec des institutions, règles, systèmes économiques et sociaux-culturels situés à d'autres niveaux de l'organisation territoriale (GROUPI).
- Le développement local est un processus d'incubation, selon le mot de Bernard Pecqueur, qui permet de faire mûrir et de choisir les priorités d'actions en se fondant sur la collecte et la circulation d'informations détenues par la population. Il ne vise pas à identifier les divers obstacles au développement, ni à considérer la combinaison optimale des ressources, rares par définition, mais à s'interroger sur les moyens de parvenir à leur combinaison (Bernard HUSSON).
- En résumé, le développement local, c'est :
- rechercher et définir de façon négocié (entre sous-groupes d'une zone et avec les services d'appui technique) les solutions aux problèmes identifiés et analysés avec la population ;
- ordonner les solutions suivant leurs priorités, les secteurs qu'elles concernant, les responsabilités des différents partenaires, les moyens locaux ou extérieurs, existant ou à rechercher (Bernard HUSSON).
- Le développement local vise à recréer un espace structuré par des pôles, relativement autonomes, capables de négocier avec l'extérieur. L'objectif de développement local est de créer, ou de faire exister à nouveau, un partenaire avec des atouts de négociation dans le jeu économique, social et culturel de la société globale (J. MENGIN).
- Le développement local, c'est une stratégie qui vise, par des mécanismes de partenariat à :
- créer un environnement propice aux initiatives locales afin d'augmenter la capacité des collectivités en difficulté ;
- s'adapter aux nouvelles règles du jeu de la croissance macro-économique ;
- trouver d'autres formes de développement qui, par des modes d'organisation et de production inédits, intègreront des préoccupations d'ordre social, culturel et environnemental parmi des considérations purement économiques (E. PARODI).

B : DEFINITION DE CERTAINS CONCEPTS CLES UTILISES DANS LE CHAMP DU DEVELOPPEMENT LOCAL

CONCEPTS	DEFINITIONS
ACCOMPAGNER	- Se joindre à quelqu'un pour aller où il va en même temps que lui, l'appuyer dans sa démarche pour atteindre un but - Survenir en même temps que, avoir pour effet simultané
ACTEUR	- Celui (individu ou groupe) qui participe à une action et qui a des intérêts communs pour cette action. Les acteurs s'identifient à partir de l'action envisagée. Un même groupe peut être un acteur unique Lorsqu'il fait bloc face à un objectif, à l'extérieur, ou éclater en plusieurs acteurs.
ACTIF	- Qui joue un rôle effectif - Qui a une fonction effective
ACTION	- Ensemble d'actes concrets (réalisation de tâches) organisés et hiérarchisés pour atteindre un objectif
ACTIVITE	- Acte, travail de l'être humain
ADAPTATER	- Approprier, mettre en harmonie avec
AGRESSIVITE	- Tendance qui vise à nuire à autrui, à l'humilier, et éventuellement à le détruire (H. Mendras)
AIDE	- Assistance financière, économique ou technique
AMBITION	- Désir ardent de réussite (ordre intellectuel ou moral)
AMELIORATION	- Rendre meilleur, plus favorable
ANALYSE	- Opération consistant à décomposer une situation en ses éléments en faisant apparaître les relations entre ces éléments
ANIMATION	- Action de donner la vie, le mouvement à une action - Méthode de conduite d'un groupe qui favorise l'intégration et la participation de ses membres à la vie collective
ANOMIE	- Du grec a(sans)nomes(loi). Terme employé par Durkheim avec des significations différentes que l'on peut résumer comme une rupture de la solidarité et une rupture également entre les désirs des hommes et la possibilité de les satisfaire conformément aux lois. Cette notion implique une absence d'intégration de l'individu dans la société.
APPUYER	- Soutenir - Rendre plus ferme, plus sûr - Fournir un soutien à - Prendre une direction
APPROCHE	- Manière d'aborder un sujet quant au point de vue et à la méthode utilisée
APPROPRIER	- Adapter quelque chose, le rendre propre à un emploi - (s') : faire sa propriété de quelque chose

ARTICULATION	- Liaison entre des parties - Action, manière d'articuler
ASSOCIE	- Personne liée avec d'autres par des intérêts communs
AUTARCIE	- Etat d'une collectivité humaine qui se suffit à elle-même, a très peu d'échanges commerciaux avec l'extérieur
AUTOPROMOTION	- Auto avancement
AUTORITE	- Action légitime d'un individu ou d'un groupe sur d'autres La légitimité est fondée sur le poste ou le rôle occupé, mais aussi et surtout sur la compétence, le mérite et parfois la séduction ; elle amène le respect, la confiance et l'obéissance sans contrainte, coercition et violence. L'autorité est une capacité de convaincre grâce à la reconnaissance dans la volonté ou le jugement d'une personne, un principe pertinent d'action ou d'appréciation. - Confiance que l'on fait à quelqu'un. qu'il soit dans une position hiérarchique ou non, et dont on suit l'ordre ou le conseil. "Il a de l'autorité" veut dire que sa séduction ou sa compétence engendre une action conforme à son désir sans contrainte et avec confiance.
BENEFICIAIRE	- Personne qui bénéficie d'un avantage, d'un droit, d'un privilège
BESOIN	- Exigence née de la nature, de la vie sociale
BUT	- Matérialisation de la finalité (intention) - Enoncé définissant de manière générale les intentions poursuivies par une institution, une organisation, une personne à travers un programme, un projet ou une action - Point visé, terme qu'on s'efforce d'atteindre, fin qu'on se propose, finalité (caractère de ce qui a un but, une fin), objectif global
CADRE	- Ce qui borne l'action de quelqu'un, de quelque chose
CADRE DE CONCERTATION	- Espace et temps d'échange où différents groupes d'acteurs publics et privés sont représentés pour réfléchir ensemble à des stratégies de développement cohérentes et concertées sur un espace particulier ou un domaine spécifique.
CHANGEMENT	- Modification, évolution
CITOYEN	- Celui qui appartient à une cité, en reconnaît la juridiction, est habilité à jouir sur son territoire du droit de cité et est astreint aux devoirs correspondants
CLARIFICATION	- Eclaircissement
COMMUN	- Qui appartient à tous - Partagé

COMMUNAUTE	- Groupe social dont les membres vivent ensemble, ou ont des biens, des intérêts communs
COMMUNICATION	- Action de se transmettre - Fait d'établir une relation avec autrui - Ce qui permet de relier
CONCERTATION	- Action, fait de se concerter
CONCERTER	- Préparer une action en commun - (se) : s'entendre pour agir ensemble
CONCURRENCE	- Position de deux situations ou comportements rivaux qui sont incompatibles, parce qu'ils visent les mêmes buts, les mêmes productions, les mêmes marchés, etc …
CONFLIT	- Situation de concurrence dans laquelle les parties sont conscientes de l'incompatibilité de positions futures potentielles et dans laquelle chaque partie désire occuper une position qui est incompatible avec les désirs de l'autre(Boulding) - Le conflit est une relation antagonique entre deux ou plusieurs unités sociales dont l'une au moins tend à dominer le champ social de leurs rapports (Georges Balandier). - Le conflit est une relation d'antagonisme qui existe entre des acteurs dont l'un tend à dominer le champ social des autres au sein d'un même espace ou d'un même système social (Alain Touraine). - Le conflit consiste en un affrontement ou heurt intentionnels entre deux êtres ou groupes de même espèce, qui manifestent les uns à l'égard des autres une intention hostile, en général à propos d'un droit, et qui, pour maintenir, affirmer, ou rétablir ce droit, essaient de briser la résistance de l'autre, éventuellement par le recours à la violence, laquelle peut, le cas échéant, tendre à l'anéantissement physique de l'autre (J. Freund, sociologie du conflit, Paris, PUF, 1963, p.65)
CONSCIENCE	- Connaissance plus ou moins claire que chacun peut avoir de quelque chose
CONSEIL	- Ce qui tend à inspirer la conduite, les actions - Opinion donnée à quelqu'un sur ce qu'il convient de faire - Incitation qui résulte de quelque chose
CONTEXTE	- Ensemble des éléments qui accompagnent un fait et contribuent à l'éclairer (le contexte comprend des ressources et des contraintes).
CONTRAINTE	- Limitation, imposée par la force, la réglementation, la rareté, à une marge d'action ou de manœuvre (Leroux).
CONTROLE	- Fait de dominer, de maîtriser
CRISE	- Phase grave dans l'évolution des évènements, des situations, ou des idées … caractérisée par un changement subit et généralement décisif (en positif ou en négatif)

CRITERE	- Valeur qu'on donne aux choses pour distinguer - Angle de vue - Ce qui permet de dire la valeur des choses
CULTURE	- Ensemble des connaissances acquises qui permettent de développer le sens critique, le goût, le jugement - Ensemble des formes acquises de comportement
DEMANDE	- Action de faire savoir ce que l'on souhaite - Chose demandée - Formulation explicite d'un besoin adressée à quelqu'un (souvent, la demande explicite ne concorde pas avec le besoin réel)
DECIDER	- Déterminer, décréter - Se prononcer sur
DEMOCRATIE	- Du grec *dèmokratia*, "gouvernement du peuple" (de *dèmos*, "peuple" et *kratos*, "puissance", "souveraineté"). - Régime politique dans lequel le *peuple*, c'est-à-dire l'ensemble des citoyens (sans distinction de naissance, de fortune ou de capacité), détient la souveraineté. - La démocratie est *directe* quand les citoyens participent directement au vote des lois et au choix de leurs chefs (ce qui était le cas à Athènes aux VIe et Ve siècles avant J.-C.); elle est *représentative* lorsque le peuple exerce sa souveraineté par l'intermédiaire de représentants élus (solution imposée par le nombre élevé de citoyens dans nos démocraties actuelles).
DECISION	- Acte de décider après délibération
DECLENCHER	- Provoquer une action - Se mettre en mouvement, en marche
DEMARCHE	- Manière d'agir - Ensemble structuré de principes (règles, procédures) qui orientent l'ensemble d'une action
DURABILITE	- Caractère de e qui dure longtemps, qui est stable et viable
DYNAMIQUE	- Ensemble des règles qui président à la conduite des groupes sociaux dans le cadre de leur activité propre - Ensemble des forces en interaction et en opposition dans un phénomène, une structure - Faits dans leur mouvement, leur devenir

EMPATHIE	- Capacité d'un individu de se mettre à la place d'un autre pour essayer de comprendre ses réactions.
ENDOGENE	- Qui prend naissance à l'intérieur d'un corps, d'un organisme - Qui est du à une cause interne
ENJEU	- Valeur que chacun attribue à une action, ce qu'il peut gagner ou perdre au-delà des objectifs de cette action.
ESPACE	- Etendue indéfinie qui contient et entoure tous les objets. - Représentation de cette étendue (ce que nos sens en connaissent). - Volume occupé par quelque chose. - Surface, milieu affectés à une activité, à un usage particulier.
ETAT	- Société organisée, dotée d'un gouvernement et considérée comme une personne morale à l'égard des autres sociétés semblablement organisées. - Tout État possède des institutions chargées de maintenir l'ordre, de faire respecter les lois et d'administrer les affaires publiques.
ETAT DE DROIT	- Tout État qui s'applique à respecter la personne et à garantir les libertés individuelles.
EVALUATION	- Opération par laquelle on se prononce sur une réalité en portant un jugement de valeur
EXOGENE	- Qui provient de l'extérieur - Qui est dû à des causes extérieures
EXPERT	- Personne choisie pour ses connaissances techniques et chargée de faire des examens, des constatations, des évaluations à propos d'un fait, d'un sujet précis
EXPERTISE	- Mesure par laquelle des experts sont chargés de procéder à un examen technique et d'en exposer le résultat dans un rapport
FACILITER	- Rendre moins difficile
FAMILIER	- Qui est considéré comme faisant partie de la famille - Qui est bien connu, dont on a l'expérience habituelle
FEDERATION	- Association de plusieurs groupes sous une autorité commune
FINALITE	- Idéal vers lequel on tend (référence à des valeurs, principes) - Principe de pensée et d'action d'origine philosophique, politique, religieuse, scientifique, pédagogique, ... choisi en fonction de sa valeur perçue et qui doit orienter le choix des objectifs, des méthodes... pour une action. - Affirmation de principe à travers laquelle un groupe social identifie et véhicule ses valeurs (D. HAMELINE)
FINANCIER	- Relatif à l'argent
FONDATION	- Acte par lequel une personne affecte tout ou partie de ses biens à une œuvre d'intérêt général

	- Organisation à but non lucratif dotée de moyens financiers par le fondateur pour mener à bien cette œuvre d'intérêt général
GESTION	- Ensemble des moyens par lesquels une entreprise est gérée - Façon d'entreprendre une action, de conduire une stratégie - Manière dont on met en œuvre différents éléments pour atteindre certains objectifs
GLOBAL	- Qui s'applique à un ensemble
GROUPE	- But partagé, division des tâches en sous-tâches, décision hiérarchique, échanges d'information
HYPOTHESE	- Proposition initiale à partir de laquelle on construit un raisonnement
IDEAL	- Ce que l'on se représente comme type parfait ou modèle absolu - Ce qui dans quelque ordre que ce soit, donnerait une parfaite satisfaction aux aspirations du cœur ou de l'esprit
IDENTITE	- Ensemble de données qui permettent d'individualiser quelque chose
IMPOSER	- Faire subir à quelqu'un - Faire accepter par force, autorité, prestige, etc.
INDICATEUR	- Signe repérable - Signe, indice objectivement vérifiable permettant d'apprécier une réalité par rapport aux critères retenus
INFLUENCE	- Capacité à peser sur des acteurs sans avoir forcément ni autorité. ni fonction C'est une forme atténuée de pouvoir. - Action, volontaire ou non, qu'une personne exerce sur quelqu'un ou sur un groupe - Pouvoir social de celui qui amène les autres à se ranger à son avis
INFORMER	- Donner une forme, une structure, une signification - Mettre au courant, faire part
INITIATIVE	- Action d'une personne ou d'un groupe qui est le premier à proposer, entreprendre, organiser quelque chose
INTERACTION	- Action réciproque
INTERFACE	- Jonction permettant un transfert d'informations entre deux éléments
INTERMEDIATION	- Action de ce qui entre des termes, se trouve placé dans une situation moyenne, forme une transition ou assure une communication - Action d'une personne qui met en relation deux personnes ou groupes -
INTERVENTIONNIS	- Dirigisme

ME	
ISOLAT	- Groupe d'êtres vivants isolés
LEADER	- Personne qui est à la tête
LUTTE	- Opposition violente entre deux adversaires (individus ou groupes) dont chacun s'efforce d'imposer à l'autre sa volonté et de faire triompher sa cause. - Action soutenue et énergique d'un individu ou d'un groupe pour résister à une force hostile ou atteindre un certain but
MAITRISE	- Domination - Se rendre maître
MAITRISE D'OUVRAGE	- Le maître d'ouvrage est celui qui prend l'initiative, qui trace les grandes lignes du projet (responsabilité des choix et orientations) qui en finance la réalisation et en a ensuite la propriété (responsabilité décisionnelle). - Le maitre d'ouvrage est le porteur du projet.
MAITRISE D'OEUVRE	- Le maître d'œuvre est mandaté par le maître d'ouvrage pour prendre la responsabilité de l'exécution du chantier, selon un cahier des charges défini (responsabilité opérationnelle)
MATERIEL (ressources matérielles)	- Eléments susceptibles d'être exploités - Objets, instruments nécessaires pour le bon fonctionnement d'une exploitation, d'un établissement, de la pratique d'une activité
METHODE	- Ensemble plus ou moins structuré et cohérent de principes censés orienter l'ensemble des démarches du processus) - Manière d'organiser les choses pour qu'elles deviennent intelligibles à soi-même et aux autres
MODE	- Goûts collectifs, manière de vivre, de sentir qui paraissent de bon ton à un moment donné dans une société déterminée
MODELE	- Ce qui sert d'objet d'imitation pour faire ou reproduire quelque chose
MOTIVATION	- Raison, intérêt qui pousse quelqu'un dans son action et détermine son comportement
NEGOCIATION	- Action de discuter d'affaires communes entre des parties en vue d'un accord
OBJECTIF	- Description d'un résultat attendu de l'action - (objectif opérationnel : spécification du résultat) - cf la succession d'objectifs permet d'atteindre un but - Pour qu'un objectif soit considéré comme tel, il doit donc être : « précis, clair, réaliste, défini en termes qui permettent de l'évaluer et il doit être assorti de moyens qui le rendent réalisable et d'instruments d'évaluation) (M. BARLOW)
OBJECTIF	- Spécification du résultat attendu (observable, mesurable, évaluable à travers critères et conditions d'apparition)

OPERATIONNEL	- Résultat à atteindre pour une période donnée ou par des actions déterminées
OFFRE	- Action de proposer quelque chose à une autre personne
ORGANISATION	- Manière dont un ensemble est constituée en vue de son fonctionnement - Action d'organiser - Résultat d'action (nature des organes, relation entre eux, relation par rapport à l'environnement) - Groupe formel et finalisé (Groupement humain ordonné et hiérarchisé qui coordonne l'activité de ses membres en vue d'atteindre son objectif) - Agencement de relations entre individus ou composants - Division de tâches, distribution des rôles, des systèmes d'autorité, de communication, de contribution-rétribution (Bernoux, 1985) - Système de normes et de contraintes qui s'impose à chaque agent (Weber) - Schéma de prise de décision et de communication appliqué à un ensemble d'acteurs qui réalisent un ensemble de tâches afin de satisfaire des buts tout en assurant un état global cohérent (Malone 1987) - Ensemble de relations entre des rôles
OUTIL	- Objet fabriqué qui sert à agir
PARTENAIRE	- Personne avec qui on est associé - Personne, groupe ou structure avec qui on s'associe pour réaliser un projet dans un cadre de coresponsabilité et de stratégie commune.
PARTICIPER	- Avoir part à quelque chose - Prendre part à quelque chose
PEDAGOGIE	- Science de la formation intellectuelle des adultes
PLAN	- Vision d'ensemble de l'avenir dans laquelle s'inscrivent programmes et projets
PLANIFICATION	- Organiser, régler selon un plan de développement - Processus rationnel qui consiste à prévoir avant de démarrer une action tous les éléments organisationnels nécessaires pour atteindre les objectifs (liste et hiérarchisation, ressources…)
PLANIFICATION STRATEGIQUE	- Processus par lequel on : . ordonne objectifs et actions dans temps . alloue les moyens (disponibles) en fonction des objectifs à atteindre
POPULATION	- Ensemble des personnes qui habitent un espace
POUVOIR	- Capacité d'un acteur de se rendre capable de faire agir un autre acteur. Le pouvoir n'est donc pas lié

	automatiquement aux ressources de contrainte que peut donner une position hiérarchique supérieure. Il y a des chefs sans pouvoirs réels et des individus ou groupes qui ont beaucoup de pouvoir sans avoir une position hiérarchique. Les ressources du pouvoir sont la compétence, la maîtrise des relations à l'environnement, la maîtrise des communications, les connaissances des règles de fonctionnement. - Possibilité d'agir sur quelqu'un pour le faire agir, ou sur quelque chose pour la mouvoir, en dépit de toute résistance. - Le pouvoir est une capacité de contraindre, soit par la force physique et/ou militaire, soit par la connaissance des règles de fonctionnement, soit par la maîtrise des moyens de communication, soit par la position hiérarchique occupée.
PROCEDURE	- Ensemble de formalités prévues par la loi à remplir, pour agir devant/avec une institution
PROCESSUS	- Succession d'étapes élémentaires permettant d'aboutir à un résultat. Permet de décrire un système
PROGRAMME	- Suite d'actions que l'on se propose d'accomplir pour parvenir à un résultat - Liste des objectifs, des actions, des méthodes, des moyens d'évaluation et des ressources) - Ensemble de projets complémentaires entre eux

PROJET	- Ce qu'on a l'intention de faire
	- Première rédaction d'un texte
	- Ensemble coordonné d'actions qui mettent en jeu des conséquences transversales à différentes fonctions de l'organisme pour atteindre un but, concrétiser une intention (Chambon, Pérouze « Conduire un projet dans les services »)
	- Système complexe d'intervenants, de moyens et d'actions, constitué pour apporter une réponse à une demande élaborée pour satisfaire au besoin d'un maître d'ouvrage ; le projet implique un objet physique ou intellectuel, des actions à entreprendre avec les ressources données (AFNOR)
	- (…) le mot projet semble avoir deux sens :
	  • d'une part celui d'un schéma (blue print) qui décrit des opérations à effectuer pour lesquelles un budget plus ou moins détaillé a été prévu par une agence d'aide ;
	  • d'autre part celui d'une institution qui assume la responsabilité de la mise en œuvre du schéma (B. Lecomte, l'aide par projet, OCDE)

REPRESENTATION	- Image qui représente
RESEAU	- Ensemble de personnes qui sont en liaison en vue d'une action

RESSOURCE	- Ce que l'on utilise dans une situation - Elément de richesse - Moyens dont on dispose, possibilités d'action
RESTITUER	- Rendre ce qui a été pris
RESULTAT	- Ce qui résulte d'une action, d'un fait, d'un principe, d'un calcul
SENS	- Manière de juger - Idée à laquelle un objet de pensée peut être rapporté et qui sert à expliquer, à justifier son existence - Direction que prend une activité
SOLIDARITE	- Relation entre personnes ayant conscience d'une communauté d'intérêts, qui entraîne, pour les unes l'obligation morale de ne pas desservir les autres et de leur porter assistance
SOUPLESSE	- Faculté d'adaptation
STRATEGIE	- Choix, priorisation des moyens pour atteindre un/des objectifs donnés organisés entre eux - Science ou art de combiner et de coordonner des actions en vue d'atteindre un but (cf planification pour parvenir à un résultat avec proposition d'objectifs à atteindre et de moyens envisagés pour y parvenir) - La stratégie d'intervention est l'ensemble des actions retenues pour atteindre le résultat recherché, en relation avec l'organisation des moyens nécessaires (la programmation) (E. BEAUDOUX et al ., Guide méthodologique pour l'appui aux actions de développement, COTA, juin 1990, p.57)
SYNERGIE	- Action coordonnée, association de plusieurs facteurs qui concourent à une action, à un effet unique
TECHNIQUE	- Qui a trait à la pratique, au savoir-faire dans une activité, une discipline - Ensemble des procédés et méthodes d'un art, d'un métier, d'une industrie
TERROIR	- Territoire exploité par un village, une communauté rurale. - Terre considérée sous l'angle de la production ou d'une production agricole caractérisée. - Province, campagne, considérées sous le rapport de certains habitants spécifiques. - Gout du terroir : gout particulier à certains produits fabriqués sur un terroir.
THEORIE	- Ensemble d'idées, de concepts abstraits plus ou moins organisés, appliqué à un domaine particulier
UNIFORMITE	- Caractère de ce qui ne varie pas, de ce qui présente des éléments tous semblables
VALEUR	- Prix - Ce par quoi on est digne d'estime - Caractère de ce qui produit l'effet voulu - Une valeur est une croyance persistante qu'un mode

	spécifique de conduite ou un but de l'existence est personnellement ou socialement préférable à un autre (Milton Rokead, The Open and Closed Mind : investigations into the nature of Belief systems and personality systems, Basic Books, 1960) - Proposition qui traduit ce qui est reconnu comme important ou désirable par un groupe social à un moment donné et qui en principe détermine ou devrait déterminer les choix (finalités)
VALORISATION	- Action de donner de la valeur à quelque chose
VISION	- Représentation imaginaire
VOLONTE	- Faculté de se déterminer à certains actes et de les accomplir
ZONE D'INCERTITUDE	- Toute organisation est soumise en permanence à des masses d'incertitudes très élevées, techniques, commerciales, humaines, financières. etc. Celui qui les maîtrise le mieux par ses compétences et son réseau de relations communications, qui peut donc prévoir ces incertitudes détient la plus grande ressource de pouvoir. Ses comportements sont alors imprévisibles. L'incertitude existe toujours à tous les niveaux conférant par là même de l'autonomie aux acteurs. L'incertitude étant, par définition mal définie, on préfère parler de zone d'incertitude pour délimiter les lieux où il va où il peut se passer quelque chose.

Sources : cours CIEDEL 2010

Liste des sigles et acronymes

AACG	Association des Animateurs Communautaires de Guinée
BAC	Baccalauréat deuxième partie
BEP	Brevet d'Études Professionnelles
BTS	Brevet de Technicien Supérieur
BTSD	Brevet de Technicien supérieur en Développement
BEPC	Brevet d'Etudes Premier Cycle
CIEDEL	Centre International d'Etudes pour le Développement Local
CNOSCG	Conseil National des Organisations de la Société Civile Guinéenne
CFP	Centre de Formation Professionnelle
CEFADEL	Centre de Formation des Acteurs en Développement Local
DEUG	Diplôme d'Etudes Universitaires Générales
DELTA-C	Centre de Formation et d'Appui Conseil pour le Développement Local
EED	Service des Eglises Evangéliques en Allemagne pour le Développement
CEPE	Certificat d'Études Primaires Élémentaires
FP	Formation Professionnelle
IPC	Ingénierie de Projets de Coopération/Université de Lille 1
IRFODEL	Institut de Recherche et de Formation pour le Développement Local
LMD	Licence, Master, Doctorat
ONG	Organisation Non Gouvernementale
MESRS	Ministère de l'Enseignement Supérieur et de la Recherche Scientifique
PROFADEL	Programme Renforcement de l'Offre de Formation Professionnelle
PSE	Programme Sectoriel de l'Education
PDL	Plan de Développement Local
PDC	Plan de Développement Communal
SCAC	Service de Coopération et D'action Culturelle

X. Bibliographie

➢ **Document du POFADEL :** atelier de formation d'adultes, quelle pédagogie appliquée ? (Lyon, 26 - 30 avril 2004

➢ **Levy-Garboua L. (1976),** « Les demandes de l'étudiant ou les contradictions de l'Université de Masse », *Revue Française de Sociologie,* vol. 17.

➢ **Giret J.-F., Lopez A. et Rose J. (dir.) (2005),** *Des formations pour quels emplois ?,* La Découverte-Cereq.

➢ **M. Develay, Colloque**« Professionnalisation et développement des compétences » du16/05/2001, Dess Concepteur et réalisateur de la formation, Université Lumière Lyon2

➢ **JF Raux,** « Professionnalisation des dirigeants », Actualité de la formation permanente N°146 ; janvier, février 1997

➢ **Y. Schwartz,** « Le travail requestionne les modes d'élaboration des savoirs », EducationPermanente N°129/1996

➢ **E. Verne,** « Qu'est-ce que les managers ont à apprendre ? Que faut-il leur enseigner ? », Actualité de la formation permanente N° 146 ; janvier, février 1997